KB271716

삼성 은부장의
프레젠테이션

삼성 은부장의 프레젠테이션

은서기 지음

푸른영토

지금은 스펙과 스토리를 넘어 '프레젠테이션'이다

우리 주변을 보면 성공하는 사람들에게는 뭔가 특별한 것이 있다. 지금 한국사회에선 경쟁이 갈수록 치열해지고 있다. 고등학생들은 대학에 들어가기 위해서, 대학생들은 원하는 직장에 취업하기 위해서, 직장인들은 승진을 위해서 치열한 경쟁을 하고 있다. 취업준비생의 경우 이제 스펙학력, 자격증, 어학, 어학연수 등이 취업을 보장해주지 못한다. 직장인들도 일만 열심히 한다고 승진하고 성공하는 시대는 지났다. 전문가들도 자기 분야의 전문지식만 가지고 있다고 해서 명성을 얻거나 돈을 벌지 못한다. 무언가 차별화를 위한 자신만의 도구가 있어야 한다. 이것이 무엇일까? 바로 프레젠테이션 역량이고 이 책을 쓰게 된 목적이다.

지금은 자기가 가지고 있는 지식과 경험을 다른 사람들과 어떻게 잘 소통하여 설득하느냐에 따라 성공 여부가 결정되는 시대이다. 소통기반의 설득력을 향상시키는 도구가 프레젠테이션 역량이다. 프레젠테이션의 중요성이 갈수록 증가하고 있다. 프레젠테이션이 한 사람의 성공위치와 크기를 결정하는 시대이다.

필자는 대우전자에 입사하여 현재 삼성SDS까지 28년간 대기업에서 직장생활을 하고 있다. 직장생활을 잘하기 위해서 프레젠테이션은 모든 직장생활의 기본이라 해도 과언이 아니다. 필자는 PM Project Manager으로, 컨설턴트로 활동하며 산업현장에서 수많은 프레젠테이션을 직접 수행했다. 또한 프레젠테이션을 받아 보기도 했고 후배를 멘토링하기도 했다. 삼성SDS에서 베스트 프레젠터 Best Presenter로 선정이 되었고, 프레젠테이션 클리닉 강사도 했다. 베스트 프레젠터 자격 심사위원으로 활동하며 1,000명 이상의 참가자를 대상으로 자격심사를 하기도 했다. 이런 현장의 경험을 바탕으로 프레젠테이션의 본질과 노하우를 제공하기 위해서 이 책을 집필하게 되었다.

이 책은 지금 이 시대에 프레젠테이션이 왜 중요한지? 베스트 프레젠테이션이 무엇인지? 주목받고 싶은 여러분이 알아야 할 7가지 PT법칙은 무엇인지 그리고 베스트 프레젠테이션이 되기 위한 7가지 기술은 무엇인지 제시하고 있다. 성공한 사람들을 보면 프레젠테이션의 달인들이 많다. 조직의 리더가 되기 위해서는 프레젠테이션을 잘해야 한다. 경쟁에서 살아남기 위해서도 프레젠테이션 역량이 필수요소이다. 성공한 사람들이 프레젠테이션을 잘하는 것이 아니라 프레젠테이션을 잘하는 사람이 성공한다. 프레젠테이션 하나로 성공하는 시대다.

대부분의 사람들은 프레젠테이션을 잘하는 사람은 타고났다고 생각한다. 프레젠테이션하기를 두려워한다. 이 책은 이러한 고민을 가진 대학생, 직장인을 위한 책이다. 어떻게 하면 프레젠테이션을 잘할 수 있고 나를 차별화 할 수 있는지 방법을 제시한다. 지금은 프레젠테이션이 당신의 위치를 결정해준다. 성공을 기대한다면 지금 당장 프레젠테이션 역량을 키우는데 시간을 투자하고 집중하라! 당신이 바라는 모습과 한 방향으로 나아가라.

나는 보통 사람들도 노력을 하면 베스트 프레젠터Best Presenter가 될 수 있다고 믿고 있다. 나의 과거의 경험이 이를 증명했다. 서점에는 프레젠테이션 관련 책들이 많이 나와 있다. 대부분 테크닉 중심의 책들이다. 이 책은 28년간 현장의 경험을 녹여낸 프레젠테이션의 본질을 이야기하고 있다. 대표적인 유명인의 프레젠테이션 사례도 있지만 필자의 사례를 기반으로 보통 사람이 쉽게 적용할 수 있도록 구성하였다. 이 책을 펼치는 순간부터 당신은 베스트 프레젠테이션의 길로 걸어가기 시작할 것이다.

책이 나오기까지 많은 분들의 도움이 있었다. 일일이 밝히지 못함을 죄송하게 생각한다. 무엇보다도 푸른영토 관계자들의 노고에 각별한 고마움의 인사를 전한다.

이 책, 《삼성 은부장의 프레젠테이션》은 1등 프레젠테이션 비법의 내용과 사례를 추가한 책으로 이미 일정 위치에 오른 성공한 사람들을 위한 책이 아니다. 열심히 일공부하는 노력에 비해 성공하지 못하는 사람들을 위해 쓴 책이다. 성공을 꿈꾸는 사람들고등학생, 대학생, 직장인 등에게 이 책을 바친다.

2018년 5월

은서기

차 례

주목받는 프레젠테이션 7가지 법칙

Part 4

베스트 프레젠테이션의 7가지 기술

진정한 의미의 프레젠테이션은

“복합적인 능력이 어우러진 하나의 작품이다”

프레젠테이션이 스펙을 이긴다

PART 1

스펙이 전부가 아니다

우리나라 대학생이나 직장인 대부분이 스펙 쌓기에 몰두하고 있다. 졸업을 앞둔 대학생들은 좋은 직장에 들어가기 위해, 직장인은 승진을 위해, 저마다 목적은 다르지만 이를 위해 많은 시간과 비용을 투자하고 있다. 스펙이란 학벌, 어학 성적, 자격증, 해외 경험, 학점, 수상 경력, 봉사 활동 등 직무와 무관한 개인 정보를 말한다. 이 같은 스펙을 쌓기 위해 특히 학생들은 많은 돈을 투자해 학원을 다니거나 해외로 나간다.

높은 어학 성적을 위해 초등학교 때부터 TOEIC·TOEFL 시험을 보는 어처구니없는 일이 벌어지기도 한다. 특목고와 좋은 대학을 가기 위해 TOEIC·TOEFL 문제풀이 공부를 하는 것이다. 물론 글로벌 시대에 영어는 커뮤니케이션을 위해 필요한 도구다. 하지만 아직 지능 인식의 체계도 갖춰져 있지 않은 어린 학생들을 문제풀이 기계로 밀어넣는 것은 너무 가혹한 일이다.

하버드대학교의 심리학 교수 하워드 가드너에 따르면 인간에게는 다중지능이 있다고 했다. 성공하기 위해서는 IQ만 아닌 다중지능이 중요하다고 말한다. 인간 지능은 언어, 음악, 논리, 수리, 공간, 대인 관계, 자기이해, 자연 탐구 등 여덟 가지로 이루어져 있다. 이 중 자신의 강점을 찾아내 집중 개발하면 누구나 성공할 수 있다는 것을 의미한다고 할 수 있다.

학생들이 이런 지능을 발견하기도 전에 오직 한 가지 스펙을 위해 올인하고 있다는 것은 참으로 안타깝다. 이런 교육 방식으로 어떻게 올바른 교육을 실현하고 창의적인 인재를 양성할 수 있겠는가?

대학생들은 또 어떤가. 4년 동안 학원에서, 도서관에서 높은 어학 성적을 위해 문제만 풀다 졸업한다. 문제 푸는 기계로 전락했다. 전공 공부를 통해 전문 지식을 쌓고 다양한 영역의 독서로 사고력과 역량을 키워야 할 시기에 어학이라는 스펙을 쌓는 데만 모든 시간을 투자하고 있다. 개인적으로나 국가적으로 엄청난 손실이다. 어학 성적이라는 스펙이 있어도 실제 영어로 제대로 소통도 하지 못하는 죽은 공부만 하다 졸업한다.

나는 1980년도 초반에 대학 생활을 시작했다. 그 당시만 해도 학생들은 영어라는 어학 성적에 크게 매달리지 않았다. TOEIC 성적도 지금처럼 높지 않았던 것 같다. 그런 시대의 학생들이 지금의 우리 사회를 이끌어 왔다. 특히 글로벌 환경에서 국제 경쟁력을 갖춘 세계 10위권의 경제 강국을 만드는 데 일조했다. 여러 분야의 책을 접했고 동아리 활동을 통해 다양한 체험과 고민을 공유하며 사고력을 키웠다. 개인과 지역, 대학별로도 이런 활동들을 통해 나름의 특성을 체득했다. 이들이 사회에 진출해 자신들과 다른 체험이나 사고와의 충돌을 경험하고 이 가운데서 창의적인 일들이 만들어졌다.

지금은 어떠한가? 개인별, 대학별 특성이 없다. 소위 서울의 일류대학을 졸업하나 지방 대학을 졸업하나 별 차이가 없어졌다. 스펙 쌓는 일에만 집중하느라 학교, 학원, 특히 대학에서 기계처럼 문제 풀이만 하는 공부를 했기 때문이다.

나는 글로벌 기업인 삼성에서 신입 사원 면접 때 학생들이 제출한 지원서를 본 적이 있다. 학생들의 스펙은 매우 우수했다. 학벌은 물론이고 어학 성적, 자격증, 해외 경험만 보면 우열을 가릴 수 없었다. 그러나 이들이 입사해 일하는 것을 보면 차별성이라는 게 없었다. 이것이 스펙의 한계다.

전략을 바꿔라

정부 기관과 기업체가 채용 방식을 스펙이 아닌 역량 중심으로 바꾸고 있다. 한국보건복지인력개발원은 2016년 국가직무능력표준을 전면 도입했다. 채용 전형 전반을 인력개발원이 필요로 하는 직업 기초 능력, 직무 수행 능력을 검증할 예정이다. 인력개발원은 2015년 하반기부터 부분 도입해 온 NCS 채용을 2016년 상반기 채용부터 전면 도입해 직무 수행에 필요한 역량을 검증하는 채용 선진화 계획을 시행하고 있다. 이러한 채용 개선은 직무 경험이 우수한 인재를 선발해 실무 투입까지 필요한 인력 공백을 최소화함으로써 기관의 성과 창출에 기여할 수 있는 기회로 해석되고 있다.

삼성, 현대자동차, SK, LG 등 주요 그룹은 지원 서류에 학점, 어학 성적, 사진, 가족 관계 등을 기재하지 않도록 하고 있다.

삼성그룹은 '열린 채용'을 도입해 시행 중이다. 지원 서류에 사진, 주민 번호, 가족 관계 등의 개인 정보 기입란을 삭제했고 2016년 하반기부터 학점 제한을 폐지했다. 또 창의성 면접을 도입해 지원자의 문제 해결 능력과 논리 전개 과정을 평가하고 있다.

현대자동차는 2013년부터 지원 서류에 사진, 가족 정보, 해외 경험 등의 기입란을 삭제한 데 이어 올해부터 동아리, 봉사, 학회 활동 기입란까지 삭제했다.

SK그룹도 올해부터 지원 서류에 사진, 어학 성적, IT 활용 능력, 해외 경험, 수상 경력, 주민 번호, 가족 관계 등의 기입란을 삭제했고, 자기 소개서 위주의 서류 전형을 진행하고 있다.

LG그룹은 2014년부터 지원 서류에 어학 성적, 자격증, 수상 경력, 인턴 경험 등의 스펙 관련 기입란과 주민 번호, 사진, 가족 관계 등의 개인 정보 기입란을 삭제했다.

대한항공은 신장 등 지원 자격 제한을 폐지했다. 롯데그룹은 학력 제한을 폐지하고 지원 서류에 사진, 어학 성적, 자격증, IT 활용 능력, 수상 경력, 대외 활동 경험 등의 기입란을 삭제했다.

포스코 그룹도 지원 서류에 어학 성적, 해외 경험 등의 기입란을 삭제했다.

GS그룹의 주요 계열사인 **GS건설**은 지원 서류에 해외 경험, 병역 여부, 가족 관계 등의 기입란을 삭제했고, GS칼텍스, GS건설, GS리테일 등은 1차 실무진 면접에서 지원자의 출신 학교 등을 가린 블라인드 면접을 진행하고 있다.

현대중공업은 지원 서류에 어학 점수 기입란을 삭제했고, 이공계 지원자는 한자 시험을 면제해 주고 있으며 현대종합상사는 1·2차 면접을 블라인드 면접으로 진행하고 있다.

한진그룹의 대한항공은 2015년부터 신장, 학력 등의 지원 자격 제한을 폐지했다.

한화그룹은 지원 서류에 가족 관계, 종교, 주민 번호 등의 개인 정보 기입란을 삭제했다.

KT그룹은 모든 모집 분야에 전공 제한을 폐지했다. **CJ그룹**은 어학 성적 등의 지원 자격 제한을 폐지했다. **LS그룹**은 지원 서류에 가족 사항 등의 개인 정보 및 경력, 사회 활동, 봉사 활동, 어학연수, 교육 이력 등의 스펙 관련 기입란을 삭제했다.

대림그룹은 해외 경험, 가족 정보 등의 기입란을 삭제했다.

현대상선은 학점, 어학 성적, 전공 등의 지원 제한을 폐지하고 면접에서는 1차 토론 면접을 블라인드 형태로 진행 중이다. **효성그룹**은 지원 서류에 사진, 가족 관계 등의 기입란을 삭제했으며, 면접에서는 2차 면접을 업무 지식, 문제 해결 능력 검증 중심의 블라인드 면접을 진행하고 있다. **동국제강그룹**은 지원 서류에 신장, 체중, 결혼 여부, 가족 관계, 병역 면제 사유 등의 개인 정보 기입란을 삭제했다.

이철행 전경련 고용복지 팀장은 "삼성, 현대차, SK, LG 등 주요 그룹에서는 스펙을 보지 않는 탈 스펙 채용 문화가 확산되고 있다"며 "대기업의 대졸 공채 제도 변화에 맞춰 취업준비생들도 취업 준비 전략을 바꿔야 한다"고 말했다.

탈 스펙 채용 문화가 확산되면 어떤 기준으로 역량 있는 사람을 발굴해 채용할 것인가? 기업은 심층 면접, 인턴십 등을 활용해 직업 기초 능력, 직무 수행 능력을 평가하는 방식을 확대하고 있다. 이러한 기업의 채용 방식에 대응하려면 자신이 가지고 있는 잠재 역량을 효과적으로 전달하여 설득할 수 있어야 한다. 그것이 바로 프레젠테이션 역량이다. 이제 스펙을 쌓는 데 시간을 투자할 것이 아니라 프레젠테이션 역량을 강화하는 데 집중해야 할 때다.

열심히만 하는 시대는 끝났다

열심히만 하면 원하는 것을 얻는 시대는 끝났다. 어떤 사람은 20의 일을 하고도 100의 효과를 얻는가 하면 100의 일을 하고도 20도 못 얻는 사람도 있다. 한 사람의 능력을 평가하는 데 있어서 일만 잘하는 것보다는 어떻게 자기 의사를 잘 전달해서 이해 관계자들을 설득하느냐가 중요해졌다.

이제 고등학생들도 단순히 공부만 잘해서는 원하는 대학에 갈 수 없다. 예전에는 수능만 잘 보면 원하는 대학에 진학할 수 있었다. 그동안 대학들은 내신 성적, 수능 성적 위주의 정량적 방식으로 학생들을 선발해 왔다. 그러다 보니 지나친 경쟁으로 대학이나 모집 단위의 특성에 맞는 학생을 선발하는 데 한계가 있었다. 단순히 국어, 영어, 수학의 문제 풀이 중심으로 훈련된 학생들이 취득한 점수만으로 한 학생의 역량을 평가하기에는 무리가 있었다. 이러한 문제를 해결하기 위해 대학에서는 학생부 종합전형을 도입하여 다면적으로 학생을 평가, 선발하고 있다.

　학생부 종합전형은 성적 위주의 획일적인 선발 방식에서 벗어나 학생의 전공 적합성, 발전 가능성, 잠재력 등 다양한 요소를 고려하여 선발하는 방식이다. 교과 성적을 기계적으로 반영하는 것이 아닌 학교 생활기록부의 교과, 비교과 활동, 자기 소개서, 증빙 서류, 면접 등의 다양한 요소를 종합하여 평가한다. ‘결과’보다는 ‘과정’을 평가하는 전형으로서 고등학교 3년 동안의 꾸준하고 성실한 노력의 ‘과정’을 평가한다. 따라서 체계적인 관리가 필요하다.

　학생부 종합전형에서 가장 중요한 요소는 학교 생활기록부다. 학교 생활기록부는 수상 경력, 자격증 및 인증 취득 사항, 진로 희망 사항, 창의적 체험 활동, 자율 활동, 동아리 활동, 봉사 활동, 진로 활동, 교과학습 발달사항, 세부 능력 및 특기 사항, 독서활동 상황, 행동 특성 및 종합적인 전체 영역에 대해 평가한 기록이다.

　진학에 필요한 학과 점수는 학생들 간에 큰 차이가 없다. 한편 학교 생활기록부 평가는 정성적인 평가로서 다른 학생들과 차별화된 역량을 보여 줄 수 있는 수단이 될 수 있다. 그 방법 중 하나가 프레젠테이션이다. 교사는 학생의 근거 자료도 확보하지만 실제 활동 결과를 확인하기 위해 프레젠테이션을 통한 평가를 하고 있다. 프레젠테이션을 잘하느냐 못하느냐에 따라 점수가 달라진다.

　고등학생들도 학교 생활기록부에서 좋은 평가를 얻기 위해 프레젠테이션을 하는 횟수가 늘어나고 있다. 프레젠테이션 역량에 따라 원하는 대학을 들어갈 수도 있고 그렇지 않을 수도 있다. 단순히 공부만 해서는 원하는 점수를 얻을 수 없는 시대로 변하고 있다.

　대학생들도 마찬가지다. 대학 강의는 이미 발표와 토론식으로 진행되고 있다. 교수는 시험 점수만이 아닌 학생의 리포트, 강의 시간에 이루어진 토론과 발표 내용을 포함한 종합적인 평가를 통해 학점을 부여하고 있다. 학생들은 과제 발표, 연구 보고, 경진대회 참석, 논문 심사 등 교수나 각종 평가자들 앞에서 프레젠테이션을 하는 기회가 점점 늘어나고 있다. 결국 프레젠테이션을 잘해야 평가를 잘 받을 수 있는 시대라는 것이다.

　기업체에서도 신입 사원을 채용할 때 프레젠테이션을 통해 역량을 검증하고 있다. 학점이나 어학 성적 등 정량적인 점수만이 아닌 토론이나 프레젠테이션을 통해 잠재된 역량과 문제 해결 능력, 창의성, 리더십 등을 검증하여 인재를 채용하고 있다.

　이런 방식은 앞으로도 계속 확대될 것으로 보인다. 졸업 후 직장을 얻기 위해서는 이제 프레젠테이션 역량이 매우 중요한 요소가 되었다. 스펙만 쌓는다고 원하는 직장에 취업하는 시대는 지났다.

프레젠테이션 역량은 고과, 연봉, 승진에 직접적인 영향을 미친다. 일은 열심히 하는 데 비해 성과가 없는 직장인들이 많다. 그저 일만 열심히 하면 고과를 잘 받고, 승진도 하고, 높은 연봉도 받을 것이라 생각하면 오산이다. 다른 경쟁자들과 차별화된 무엇이 있어야 한다. 자신이 하고 있는 일, 기획하고 있는 일을 상사나 고객에게 효과적으로 어필하지 못한다면 원하는 결과를 얻는 데 한계가 있다.

하워드 가드너 교수가 말하길 "말이 힘인 시대"라고 했다. 부하들의 마음을 움직이는 진짜 리더가 되고 싶다면 언어 지능부터 높여야 한다. 언어 지능이 낮은 리더는 리더가 아니다. 그저 스페셜리스트일 뿐이다. 여기서 언어 지능이란 프레젠테이션 역량을 말한다. 성공한 리더들은 프레젠테이션의 달인이라는 특징이 있다. 애플의 CEO 스티브 잡스, 미국의 오바마 전 대통령, 김대중 전 대통령이 그랬다. 회사도 보면 보고를 잘하는 사람, 프레젠테이션을 잘하는 사람들이 높은 성과를 내고 부하 직원이나 상사들에게도 인정을 받으며 성공하는 경우가 많다.

고객을 설득해 상품이나 서비스를 팔려면 프레젠테이션을 잘해야 한다. 프레젠테이션을 잘하느냐 못하느냐가 수주의 성공 여부를 결정한다. 우리는 2018년 평창동계올림픽 유치 때 프레젠테이션의 위력을 백분 실감했다. 면세점 인허가권, 건설사 입찰, SI 입찰 등 각종 수주를 위해서는 입찰 설명회라는 것을 거친다. 이 설명회에서는 프레젠테이션을 통한 기술 평가로 최종 사업자를 결정한다. 고객의 마음을 움직이지 못하면 사업 수주를 할 수 없는 만큼 프레젠테이션의 위력이 점점 커지고 있다.

조직의 리더로서 조직원들에게 동기를 부여하고 이들을 움직일 수 있는 원동력은 무엇일까? 바로 프레젠테이션 역량이다. 인텔 전 CEO였던 앤디 그로브는 "리더의 역할이란 부하들을 이끌고 한 번도 가보지 않은 길을 가는 것"이라고 말했다. 리더에게서 중요한 것은 자신감이다. 역량보다 더 필요한 것이 자신감이다. 특히 부하들 앞에서 만큼은 항상 당당하고 자신감 있는 모습을 보여야 신뢰를 얻을 수 있다. 어떻게 이런 일이 가능할까? 그것은 힘 있는 프레젠테이션으로 부하들 앞에 당당하게 설 때 가능하다.

상사로부터 인정을 받고 고과 성적이 좋으려면 보고를 잘해야 한다. 그 기반에는 프레젠테이션 역량이 필수다. 프레젠테이션을 잘하는 직원은 상사로부터 인정을 받을 수 있으나 그렇지 못한 직원은 상사로부

조직에서 인정받는 사람의 세 가지 조건

첫째, 전문 분야에서 탁월한 역량을 보유하고 있다.

둘째, 어떤 난관에도 식지 않는 뜨거운 열정을 가지고 있다.

셋째, 누구와도 소통과 협업이 능하다.

*여기서 셋째의 핵심은 프레젠테이션 역량이다.

터 멀어진다.

한 개인이 전문가로서 대접받기 위해서는 프레젠테이션 역량이 필수다. 자신이 알고 있는 지식과 경험을 효과적으로 전달할 수 있어야 전문가로서 인정을 받을 수 있다. 10년 이상 한 분야에서 일한 사람이라면, 그리고 그와 관련해 효과적으로 프레젠테이션할 수 있다면 그는 전문가의 반열에 오른 것이다. 프레젠테이션은 사회적 지위가 올라가고 경제적 처우도 달라지게 한다. 그러나 대부분의 사람들 현실은 그렇지 못하다. 원인은 프레젠테이션 역량의 부족에 있다. 다른 사람 앞에서, 특히 대중 앞에서 어떤 주제를 가지고 프레젠테이션을 한다는 것은 쉬운 일이 아니다.

고등학생은 좋은 대학에 진학하고, 대학생은 졸업 후 원하는 직장을 얻고, 직장인은 조직 내에서 성공하기를 원한다. 자신의 생각을 제대로 표현하지 못한다면 그것은 자기 생각이 아니다. 알고 있는 지식을 효과적으로 전달하지 못한다면 그것은 자기 지식이 아니다. 자신의 열정을 표현하지 못한다면 그것은 자기 열정이 아니다. 자신감을 표현하지 못한다면 그것은 자신감이 아니다. 자신이 의도한 바나 아이디어를 상사나 이해 관계자들에게 말로써 설득하지 못한다면 원하는 것을 얻을 수 없다. 다른 사람과 차별화된 삶, 성공적인 삶을 살기 위해서는 프레젠테이션 역량이 필수적이다.

일만 잘하는 당신이 성공하지 못하는 이유

성공하는 사람은 어떤 사람들인가? 똑같이 공부하고 똑같이 일을 해도 누구는 성공하지만 누구는 실패한다. 엄밀히 말하면 우리 사회에는 실패하는 사람들이 더 많다. 즉 성공하는 사람은 따로 있다. 미국의 경영학자인 피터 드러커는 "인간에게 가장 중요한 능력은 자기 표현력이며, 현대의 경영이나 관리는 커뮤니케이션 능력에 의해 좌우된다"고 말했다. 오늘과 같은 창조지식사회에서 성공의 핵심은 자기표현을 통한 커뮤니케이션, 즉 프레젠테이션 역량에 있다고 할 수 있다.

인간은 언어적 동물이다. 수많은 인간의 특징 중 가장 으뜸은 '말을 할 줄 안다'는 것이다. 말이 없는 직장 생활, 말이 없는 비즈니스, 말이 없는 학교 생활, 말이 없는 가정 생활 등은 상상도 할 수 없다. 화술은 매니지먼트의 필수 조건이다. 화술은 자기표현의 무기이자 인간관계의 열쇠다. 비즈니스 세계에서는 돈과 연결되는 현대인의 필수 조건이기도 하다.

과연 프레젠테이션을 잘하면 성공할 수 있는가? 잘나가는 기업들의 CEO나 리더들을 보라. 그들은 하나같이 프레젠테이션 역량이 뛰어나다. 프레젠테이션 역량이 뛰어난 사람은 결정적인 순간 그 능력을 인정받는다. 조직에서 고속 승진을 하거나 사회적으로 유명 인사가 될 수도 있다. 성공하고 싶다면 지금부터 프레젠테이션 역량을 키워야 한다.

대학 합격도 이제는 프레젠테이션에 달려 있다. 고등학교에 다니는 아이들을 관찰해 보면 수행평가라는 명목 하에 여러 가지 활동을 한다. 유적지 답사 후 보고서를 내는가 하면, 그룹별 곤충을 관찰한 후 실험 결과를 보고서로 제출하고 발표를 통해 평가를 받는다. 책을 읽고 독후감을 쓰고 또 이를 발표하는 것으로 평가를 받기도 한다. 단순히 국어, 영어, 수학 주요 과목의 문제만 잘 풀어서 그 점수로 진학하는 시대는 지났다. 학교 생활을 종합적으로 평가해 매긴 점수가 대학 진학에 영향을 미치고 있다.

아들이 집에서 학교 과제로 할 발표 연습에 열중이다. 프레젠테이션 때문에 스트레스를 받는 듯했다. 필자가 고등학교 다닐 때는 상상도 못했던 일이다. 수행평가에서 좋은 점수를 받으려면 자신이 조사하고 관찰한 것을 잘 정리하고 발표를 통해 전달해야 한다. 미미한 점수 차로 대입의 합격 여부가 결정된다고 볼 때 수행평가 점수는 매우 중요하다.

다시 말해, 고등학생도 프레젠테이션을 잘해야 좋은 대학에 진학할 수 있다. 프레젠테이션 역량이 그만큼 중요하게 작용하고 있다는 것이다.

대기업 입사 시험 패턴 역시 변하고 있다. 과거에는 단순 스펙을 기준으로 신입 사원을 선발해 왔다. 그러다 보니 면접에서 질문을 하면 앵무새처럼 똑같은 답변이 돌아와 차별성이 없었다. 이제 기업들은 마냥 좋은 스펙을 가진 인물이 2~5년 후 시간이 지나서도 일을 잘한다는 보장이 없다는 사실을 알게 된 것이다. 신입 사원을 뽑는 기준도 단순 스펙에서 경험과 열정을 보는 쪽으로 변해 가고 있다. 기본적으로 성실한지, 문제 해결 능력이 있는지, 위기 대응 능력이 있는지를 미리 검증하

프레젠테이션 달인의 공통적인 세 가지 강점

첫째, 자신의 생각이나 주장을 논리적으로 잘 정리한다.
둘째, 상대가 알고자 하는 것을 정확하게 파악한다.
셋째, 상대가 이해하기 쉽게 또는 알기 쉽게 전달하는 능력이 있다.

다시 말해, 논리력과 파악력을 갖춘 사람이 전달 능력까지 있으면 무시 못할 실력자라 할 수 있다. 우리 주위에서 실력은 갖추고 있지만 전달력이 약해 성공을 못하고 유명세를 타지 못하는 사람들을 흔히 본다. 이는 프레젠테이션 실력을 갖추면 성공 가능성이 그만큼 높아진다는 것을 의미한다.

는 단계로 변하고 있다.

대기업 입사 경쟁률이 100:1을 훌쩍 넘어서고 있다. 어떻게 그 벽을 뚫을 것인가? 이제는 스펙만 보면 대동소이하다. 이런 조건에서 자신의 차별성을 어필할 방법은 무엇일까? '길거리 캐스팅'이라고 하여 자기 소개를 하는 방식을 보고 인재를 뽑기도 한다지만 지금은 채용 시 기업마다 면접 때 주어진 프레젠테이션으로 잠재 역량을 검증하는 방식을 취하고 있다. 자신이 가진 경험, 열정, 끼 등을 어떻게 상대방에게 잘 전달하느냐, 즉 프레젠테이션 역량이 입사 여부를 결정하는 시대가 된 것이다. 역량을 키우기 위해서는 스토리 있는 학교 생활을 해야 한다. 나의 전공 분야뿐만 아니라 관심 있는 분야에 대한 지식을 쌓고 영어 공부도 하고 때로는 관련 경험을 쌓아서 그것을 단순히 스펙이 아닌 '목적'이 되도록 하는 것이다. 그리고 그것을 상대방에게 잘 전달하는 능력을 키워야 좋은 기업에 들어갈 수 있다.

프레젠테이션이 전부다

성공하는 직장인은 프레젠테이션으로 말한다. 직장인들에게는 '프레젠테이션이 전부다'라고 할 정도로 업무 보고나 보고회, 기업 설명회, 제안 설명회, 발표, 연설, 교육, 면접 등 대부분의 업무 분야에서 중요하게 자리 잡고 있다. 프레젠테이션은 고객을 설득하고, 상사를 설득하고, 부하 직원을 독려하는 커뮤니케이션 도구다. 조직에서 리더가 되고 누군가에게 영향력을 미치고자 한다면 프레젠테이션은 필수다. 프레젠테이션이 한 개인의 성공을 좌우할 수 있는 주요 요소로 부각되고 있다.

프레젠테이션 하나가 기업을 살리기도 한다. 한 기업의 성공이 CEO의 역량에 의해 결정될 수 있다. 미국의 애플 사를 예로 들어 보자. 2015년 영국의 브랜드 랭킹 조사 기관인 브랜드 파이넌스가 발표한 '2015년 글로벌 500 연례 보고서'를 보면 애플은 브랜드 가치가 1천 283억 300만 달러로 세계 1위다. 스티브 잡스는 애플을 창업한 창업주였지만 독선적인 성격과 앞선 기술에 대한 고집 때문에 자신이 만든 회사에서 쫓겨났다. 이후 그는 영화감독 조지 루카스로부터 필름 애니메이션 회사를 사들여 픽사를 만든다. 그리고 다시 애플에 복귀했다. 그의 경우, 그가 겪은 파란만장한 인생 경험과 도전 자체에 제품 개발 철학부터 기업 경영 철학, 심지어 프레젠테이션 노하우까지 깃들어 있다고 할 수 있다.

스티브 잡스는 신제품이 출시되면 자신만의 깊은 철학을 담은 프레젠테이션을 선보임으로써 고객들을 열광하게 만들었고, 애플을 세계적인 기업으로 성장시켰다. 프레젠테이션 역량이 기업을 키우는 주요 요인이 된다는 사실을 보여준 좋은 사례가 아닐 수 없다. 한 기업의 CEO가 직접 고객들 앞에서 프레젠테이션을 한다는 것은 기업의 성공과 직접적으로 연결된다는 것을 보여준 것이다.

프레젠테이션은 국가 성장을 견인하기도 한다. 우리나라는 2018년 평창동계올림픽 유치에 성공했다. 평창동계올림픽 개최가 우리에게 주는 의미는 크다. 동계올림픽 유치 시 1988년 서울올림픽과 2002년 FIFA 월드컵에 이어 3대 국제 스포츠 이벤트를 모두 개최하는 위업을 달성하는 것이 됨으로써 이는 대한민국의 국격과 국가 브랜드 등 위상 제고에 결정적인 역할을 한다. 또한 대회 준비 단계부터 다양한 일자리 창출 등 경제 발전에도 기여하게 된다.

우리나라는 동계올림픽을 유치하기 위해 10년을 기다려 철저히 준비했다. 대한민국은 평창이 공식 후보 도시로 지정된 후 열린 멕시코의 아카풀코 국가올림픽위원회연합회에서의 첫 프레젠테이션부터 남아프리카공화국 더반에서 열린 최종 프레젠테이션에 참가해 경쟁 도시인 프랑스 안시를 제치고 마침내 유치에 성공하게 된다. 이명박 전 대통령, 나승연 대변인, 김연아 선수 등이 참여한 우리나라 프레젠테이션 팀이 승리한 것이다. 그 이유는 무엇일까? 인상적인 프레젠테이션이 평가 위원들을 설득하고 감동을 주었기 때문이다. 이런 국가적 행사에도 프레젠테이션의 중요성은 입증되고 있다.

어느 분야에서든 성공하고 싶다면 프레젠테이션 역량을 키워야 한다. 이는 학생이든, 직장인이든, 기업을 운영하는 CEO든, 개인이든, 기업이든, 국가든 누구에게나 해당하는 말이다. 성공하는 사람은 프레젠테이션을 잘하는 사람이다. 이에 능하지 못하면 경쟁에서 뒤처질 수밖에 없다.

진짜 스펙은 프레젠테이션에 있다

최근 대학 입시에서 의사소통 능력이 중요한 평가 요소 중 하나가 되고 있다. 학생부 종합전형의 비중이 늘어나면서 자기 소개서와 면접을 통해 학생들의 의사소통 능력을 평가하는 대학이 늘어나고 있기 때문이다. 최근에는 수행평가를 통해 중고생들의 의사소통 능력을 직간접적으로 성적에 반영하는 경우가 늘어나고 있다. 프레젠테이션이나 보고서 작성 등 의사소통 능력을 직접적으로 평가하는 경우가 대표적이다. 즉 프레젠테이션이 학생부 종합전형 시대에 핵심 스펙으로 주목받기 시작한 것이다. 프레젠테이션이 한 청소년의 인생의 방향을 결정지을 수도 있는 중요한 요소가 되었다. 그렇다면 대체 프레젠테이션이란 무엇인가?

프레젠테이션 능력은 자신을 나타내는 척도

이제 프레젠테이션은 우리 일상의 일부라고 해도 과언이 아니다. 소속된 조직에서 생활하며 의사소통과 설득을 위한 행위를 하고 타인과 차별화를 꾀하기 위해서는 프레젠테이션 역량이 필수 조건인 시대다. 피터 드러커가 말한 '커뮤니케이션 능력'을 다시 강조하자면, 자신의 생각을 표현하지 못할 경우 상대방과 제대로 된 커뮤니케이션을 할 수 없다. 이 경우 그는 원하는 것을 얻지도 못할 뿐 아니라 조직에서 존재감도 사라지게 된다. 커뮤니케이션 능력은 프레젠테이션 역량과도 밀접한 관계가 있다.

미국의 종합 경제지 「포춘」의 전 편집국장이었던 월터 키첼은 한 임원이 높은 사람들 앞에서 하는 자신의 최근 프레젠테이션에 대해 "공식적으로 발표하는 30분이야말로 그에게 절대적으로 중요한 순간이라 할 수 있다. 조직 내에서 자신의 존재감을 가시적, 적극적으로 드러낼 수 있는 기회는 바로 프레젠테이션을 할 때이다"라고 하며 그 중요성을 강조하고 있다. 특히 조직원을 효율적으로 다루기 위해서는 사람들과 소통하는 능력이 중요하다.

우리는 하루의 대부분을 상사와 부하, 고객 그리고 파트너 등과 끊임없이 소통하며 살아가고 있다. 그리고 이 같은 다수의 사람들 속에서 자신의 존재감을 확실하게 드러낼 수 있는 것이 프레젠테이션 역량이다. 아무리 뛰어난 역량을 갖추고 아이디어를 가지고 있다 해도 이를 잘 표현하지 못하면 모든 꿈이 물거품이 될 수도 있다.

한순간에 상사 또는 청중을 사로잡는 사람이 있고 모든 것을 날려 버리는 사람이 있다. 어떤 기회가 왔을 때 타인을 사로잡을 수 있다면 그는 성공의 길로 갈 수 있다. 그렇지 않으면 이전보다 더 많은 노력을 해서 따라잡거나, 더 나쁘게는 포기해야 하는 상황에까지 이를 수도 있다. 주어진 기회를 내 것으로 만들어 성공할 수 있는 것이 프레젠테이션의 힘이다.

2013년 4월 한국경제신문 커뮤니티에서는 진정한 의미의 프레젠테이션은 "복합적인 능력이 어우러진 하나의 작품이다"라고 이야기했다. 여기서 복합적인 능력이란 전략적 마인드, 스토리텔링, 양질의 리서치, 논리 전개 능력, 종합적 사고 능력, 개성 표현, 효과적인 커뮤니케이션의 이해 등을 뜻한다. 드라마의 3대 요소가 시나리오, 연출가, 배우이듯이 훌륭한 프레젠터는 이 3박자를 갖추고 종합적인 공연을 한다.

실제 2018년 평창동계올림픽 유치설명회나 상암 월드컵경기장 입찰설명회 때 프레젠터들은 한 편의 감동적인 드라마를 제작하듯 프레젠테이션을 준비했다. 그래야 청중을 감동시킬 수 있고, 감동해야 그들을 설득할 수 있고 원하는 목표를 얻을 수 있기 때문이다.

그렇다면 프레젠테이션이란 무엇인가? 프레젠터가 원하는 목표를 달성하기 위해 정해진 시간 안에 청중에게 어떠한 사실이나 정보, 자신의 의견 등을 전달하고 설득하는 것이다. 청중으로 하여금 프레젠터가 원하는 목표를 달성할 수 있도록 의식이나 행동의 변화를 유도하는 일련의 과정을 말한다. 프레젠터가 원하는 것은 상품 판매, 상사의 재가, 청중 다수의 동의, 참여, 지원, 계약의 체결, 갈등 해소, 동기 부여, 행동 촉구, 재미 등 상황과 청중에 따라 달라질 수 있다.

프레젠테이션의 목적은 무엇인가? 청중 또는 보고받는 사람에게 자신의 제안이나 아이디어를 이해·납득시켜 프레젠터의 의도대로 결정하고 행동하게 만드는 것이다. 보고받는 자 또는 청중의 행동을 변화시키는 3단계는 이해, 납득, 행동으로 옮기기다. 훌륭한 프레젠터는 사람들의 이런 심리를 활용해 자신이 원하는 것을 얻을 수 있도록 효율적으로 프레젠테이션한다.

정보의 내재화와 효과적인 커뮤니케이션

우리는 모든 분야에서 프레젠테이션이 중요한 시대에 살고 있다. 프레젠테이션이 진학과 입사를 결정하고, 새로운 비즈니스 창출에 기여하며, 복잡하고 거대해지는 조직과 조직원을 이끌 수 있다. 완전 경쟁 시대에 프레젠테이션의 힘이 더욱 커지고 있다. 우리 주변에는 아무리 좋은 스펙으로도 해결할 수 없는 많은 문제들이 있다.

첫째, 실물이 없거나 추상적인 경우다. 국제·국내 행사, 디자인, 조선, 건축, 광고, 컨설팅, 시스템 구축 등이 이에 해당된다. 산업으로 보면 수주업 또는 B2B 사업의 대부분이 해당된다. 수요자는 결과물을 보지 못한 상태에서 공급자가 제안한 내용을 기반으로 도입에 대한 의사 결정을 내려야 한다. 공급자는 프레젠테이션을 통해서 가격 및 기술 역량에 대한 우위를 어필한다. 반대로 수요자는 공급자가 제출한 제안서, 특히 프레젠테이션에 의지해 그 역량을 평가하고 공급자를 선택하는 것이다.

2018년 동계올림픽 유치나, 월드컵경기장을 지을 때도 유치 국가를 선택하거나 건설업체를 선정하는 기준은 실사와 기술 평가 등의 절차도 있지만, 최종 평가 기준은 심사위원들 앞에서 진행되는 프레젠테이션이다. 이런 사업들을 수주하느냐 못 하느냐에 따라 그 기업 또는 국가가 성장하느냐 못 하느냐가 결정되기도 한다.

둘째, 명확한 판단 근거나 비교 대상이 없는 경우다. 처음 시도되는 사업, 생소한 제품 등을 판매할 때가 이에 해당한다. 처음 시도되는 사업의 경우 실패에 대한 두려움도 있고, 리스크는 없는지 등 의사 결정권자나 구매하는 입장에서는 따져 볼 것이 많기 때문에 쉽게 결정을 못한다. 이런 경우 판매자는 명확한 판단 근거를 만들어 고객을 설득해야 한다. 설득에 실패할 경우 사업을 추진하기가 쉽지 않다.

기업체가 신규 사업에 투자할 때는 시장 조사, 경쟁사 조사, 투자 타당성 분석, 리스크 분석 등을 통해 근거를 확보하고 의사 결정권자들에게 수 차례에 걸쳐 보고하는 과정을 거친다. 사업을 추진하는 주체자는 확보된 근거를 기반으로 기업체를 논리적으로 설득해야 하는데 여기서 중요한 것이 프레젠테이션이다.

국가 기관도 마찬가지다. 새로운 국가 서비스를 기획해 추진할 때도 부작용은 없는지, 국민에게 어떤 혜택이 돌아가는지, 예산 낭비는 없는지 등의 근거를 마련한다. 그리고 정책 결정권자를 설득해야 하는데 그 수단으로 쓰이는 것이 바로 프레젠테이션이다. 생소한 신제품을 개발해 판매할 때 고객을 설득하는 수단으로도 프레젠테이션이 중요한 요소가 되고 있다.

셋째, 고객을 설득하거나 어필할 수 있는 내용의 질적 차이가 크지 않을 때다. 만약 대학을 졸업하고 기업체에 입사를 한다고 가정해보자. 실제 기업의 인사 담당자들의 말에 의하면 겉으로 들어난 스펙만 놓고 보면 차별성이 거의 없다고 한다. 누구를 선택해야 될지 우열을 가리기 힘들어 한다. 이런 경우 인사 담당자는 심층 면접을 실시하는데, 이때 기본으로 등장하는 것이 프레젠테이션이다. 입사를 원하는 구직자들은 이 프레젠테이션을 통해 자신만의 차별성을 어필해야 '입사'라는 티켓을 딸 수 있다.

조직을 이끌어가는 리더가 비전을 제시하고 구성원들을 행동으로 이끌고자 할 경우 설득이 필요하다. 이때도 내용의 질적인 차이는 별로 없다. 인상적인 프레젠테이션을 통해 구성원들을 얼마만큼 독려하고 움직이게 하느냐가 관건이다. 대학에서 과제 발표나 논문 심사 등을 할 때도 마찬가지다.

넷째, 선택의 폭이 넓을 때다. 제품이나 서비스를 판매할 경우 고객이 선택할 수 있는 옵션이 많은 경우 제품이나 서비스만으로는 설득에 한계가 있다. 이렇게 선택의 폭이 넓은 경우 고객을 어필할 수 있는 콘텐츠를 가지고 프레젠테이션을 통해 논리적으로 설득할 경우 성공할 확률이 더 높다.

아무리 스펙이 좋더라도 의사소통 능력이 부족하거나 프레젠테이션 역량이 떨어지면 우수한 성과를 내는 데 어려움을 겪을 수 있다. 자신이 가진 지식을 제대로 표현하지 못한다면 그것은 죽은 지식이나 마찬가지다. 자기 입을 통해 제대로 표현을 해야 다수의 청중으로부터 제대로 된 평가를 받을 수 있다. 오늘날과 같은 지식정보사회에서는 구글, 네이버 등과 같은 포털의 발달로 정보의 습득이 매우 빨라졌다. 지금은 모든 정보를 개인의 머리에 기억해 담아 둘 필요 없이 스마트폰만 있으면 언제든 원하는 정보를 검색할 수 있는 시대다. 중요한 것은 이런 정보를 자신의 것으로 내재화하여 어떻게 효과적이면서도 신속하게 타인과 소통하느냐다. 즉 진짜 스펙은 프레젠테이션에 있다.

프레젠테이션 능력은 리더의 필수 조건이다

HSG 휴먼솔루션그룹의 대표는 "말을 잘해야 진짜 리더가 된다"고 했다. 다채널 미디어 시대인 요즘 면대면 인간관계 능력보다는 대중과 소통하는 언어 지능이 중요하다. 스페셜리스트이면서 인간관계까지 좋다면 리더가 될 자격이 충분하다. 지금은 인간관계보다 중요한 게 프레젠테이션 능력이다. 성공한 사람들 중에는 프레젠테이션 달인들이 많다. 특히 정상에 선 대부분의 사람들이 프레젠테이션 달인들이다. 지금은 말이 힘인 시대다. 구성원들을 움직이는 진짜 리더가 되고 싶다면 소통 능력부터 키워야 한다. 소통 능력이 낮은 리더는 리더가 아니다. 단순히 스페셜리스트일 뿐이다.

프레젠테이션을 잘하는 리더는 누구인가? 사람을 움직이는 사람들이다. 사람의 마음을 움직이게 하는 사람들이다. 원하는 것은 기필코 얻는 설득의 달인들이다. 사람을 움직이는 것은 가치다. 사람은 이론으로 움직이지 않는다. 마음을 움직여야 비로소 움직인다. 프레젠테이션의 달인들은 상대를 보고 마음을 읽는다. 전체 상황을 판단하고 공감할 수 있는 가치를 제시하여 머리가 아닌 마음에 호소한다. 사람의 마음을 움직여 정상에 선 세 명의 프레젠테이션 달인들을 소개하고자 한다.

프레젠테이션의 달인이 정상에 선다

첫 번째 인물은 애플 사의 스티브 잡스다. 그는 자타가 인정하는 세계적인 최고의 프레젠터다. 스티브 잡스의 최고 스펙은 프레젠테이션이었다. 그는 사람들을 감동시키는 설득의 아이콘이다. 스티브 잡스의 프레젠테이션은 한 편의 감동적인 드라마와도 같다. 드라마란 무엇인가? 인간이 누군가와 함께 살면서, 미워하고, 화해하는 모습, 그의 삶이 질적으로 어떠하건 간에 사람들과 부대끼며 살아가는 모양과 감정의 교류, 가치관, 윤리에 대한 찬반의 전시장이자 토론장이다.

우리들은 흔히 '극적인 상황'이나 '예상치 못한 상황'이 일어날 때 '완전 드라마 같다'라는 말을 한다. 드라마라는 말은 원래 희랍어로 '행동하다, 나타내다'는 뜻의 드란에서 유래했다. 여기서 '행동'은 단순한 행위가 아닌 뚜렷한 동기와 목적을 가진 행위이다. 무언가를 하려는 의지가 담긴 행동을 뜻하며 그 행동은 감정을 포함한다. 즉 무언가를 나타내려는 행위, 스토리를 가진 행위가 드라마의 원형이 되는 것이다. '행동'의 또 하나의 의미는, 드라마는 배우의 행동을 통해 보여진다는 사실이다.

애플을 세계적인 기업으로 키운 스티브 잡스는 프레젠테이션으로 청중을 매료시키는 기술을 지니고 있었다. 물론 그의 삶 자체가 드라마틱하기도 했지만 프레젠테이션을 위해 치밀하게 기획하고 한 편의 드라마를 제공했다. 그의 무엇이 청중을 감동시키고 열광하게 만든 것일까?

첫째, 프레젠테이션 자체다. 기본에서 시작하는 그의 프레젠테이션 스킬은 간단하지만 매우 정교하다. 그는 청중이 원하는 것을 미리 예측하고 그들이 원하는 것을 이야기한다. 모든 것을 청중의 입장에서 생각하기 때문에 간결하면서도 핵심적인 내용을 전달하고 이로써 기대보다 더 높은 효과를 이끌어낸다.

둘째, 프레젠테이션을 하나의 완벽한 드라마로 만들어 내는 능력이 있다. 스티브 잡스는 배우와 같은 연기로 프레젠테이션 내내 청중을 끌어당긴다. 그 안에는 정보의 즐거움뿐만 아니라 드라마가 담겨 있다. 전달하고자 하는 것을 최대한 극적으로 다이내믹하게 만들어 청중에게 '특별함'을 선물한다. 즉 각종 이벤트를 하나의 완벽한 구조로 구성하여 일반적인 프레젠테이션에서 벗어난 독특함을 연출한다. 바로 이 점이 스티브 잡스가 최고의 프레젠터로 인정받는 이유다. 대중이 그의 프레젠테이션에 열광하고 설득을 당하는 이유이기도 하다.

두 번째 인물은 문화심리학자인 김정운 교수다. 그는 재미와 무한한 상상력을 자극시켜 청중들로 하여금 롤러코스터를 타듯 빠져들게 하는 힘이 있다. 프레젠테이션은 청중에게 정보를 전달하고, 설득하여 동의를 얻어 내고, 동기 부여를 하도록 하는 데 효과적인 도구다. 김정운 교수의 프레젠테이션이 청중을 열광시키는 이유는 무엇일까?

첫째, 그에게는 천부적인 스킬이 있다. 프레젠테이션은 '연애와 같다'는 말이 있다. 청중을 상대로 서서히 '썸'을 타다가 어느 순간 그들의 마음을 확 사로잡아야 한다는 점에서 연애와 유사하다는 것이다. 방법이나 목적, 과정도 동일하다. 성공하면 박수를 받는 것도 같다. 김정운 교수의 프레젠테이션이 그러하다.

한 방송과의 인터뷰에서 그는 프레젠테이션을 즐긴다고 했다. 그를 보면 청중을 가지고 노는 듯하다. 그의 독특한 헤어스타일과 구어체의 말투도 매력이 있지만 문화심리학이라는 전문적인 틈새 지식을 기반으로 한 그의 프레젠테이션에는 재미와 즐거움이 가득하다. 그의 이야기는 가슴에 와 닿는다. 가슴 울리게 하면서도 사람을 웃게 만드는 묘한 매력이 있다. 그는 소통에 천부적인 스킬을 가진 듯하다.

둘째, 그의 프레젠테이션은 새롭고 색다르다. 인간의 심리는 다소 어려운 주제일 수 있음에도 그는 청중이 생각지 못한 기발한 방법으로 몰입하게 만든다. 그의 프레젠테이션은 새로운 것을 가르친다. 그리고 기억에 남는 무언가가 있다. 그는 절대 잊지 못할 방식으로 내용을 전달하는 기술이 있다. 프레젠테이션 내내 청중을 웃게 만들지만 기억에 남을 만한 핵심 어구가 있다. 김정운 교수가 최고의 프레젠터로 인정받는 이유는 바로 이 때문이다.

그의 표현에 따르면 그는 나이 45세 때까지는 보잘것없는 거지 같은 삶을 살았다고 고백한다. 그러나 그는 『나는 아내와의 결혼을 후회한다』, 『노는 만큼 성공한다』, 『남자의 물건』 등과 같은 책을 내고 강연을 하면서 인생이 바뀐다. 즉 최고의 프레젠테이션 능력이 거지 같은 인생을 출세가도를 달리는 삶으로 바꾼 것이다. 프레젠테이션 역량은 이처럼 한 사람의 인생을 바꾸기도 한다.

세 번째 인물은 김대중 전 대통령이다. 그는 달필가이자 달변가였다. 정치 활동을 하는 동안 6년을 감옥에서 보냈고, 10년이 넘는 세월을 망명과 연금 생활로 보냈다. 오롯이 민주화를 위해 싸웠다. 그는 사람에 따라 다르게 평가되고 있다. 이 책에서 정치적인 것을 논하고자 하는 게 아니다. 그의 프레젠테이션 역량에 대해서만 평가하고자 한다. 그는 주옥같은 명언으로 대중을 설득한 프레젠테이션의 달인이었다.

"정의가 강물처럼 흐르고 자유가 들꽃처럼 만발하고 통일에의 희망이 무지개같이 떠오르는 나라를 만들고 싶다."

"우리는 아무리 강해도 약합니다. 두렵다고, 겁이 난다고 주저앉아만 있으면 아무것도 변화시킬 수 없습니다. 두렵지 않기 때문에 나서는 것이 아닙니다. 두렵지만, 나서야 하기 때문에 나서는 것입니다. 그것이 참된 용기입니다."

—1998년 〈다시, 새로운 시작을 위하여〉

"이해하면 용서하게 되고, 용서하면 화해하게 되며, 화해하면 사랑과 자비의 마음을 갖게 됩니다. 사랑은 오래 참는다고 했습니다. 오래 참는 마음, 그것이 사랑과 화합으로 가는 출발점입니다. 용서하게 되면 인생의 전투에서는 지더라도 전쟁에서는 이깁니다. 용서하지 않으면 전투에서는 이기더라도 전쟁에서는 집니다."

—1984년 〈옥중서신〉

"마지막으로, 여러분께 간곡히 말하고 싶습니다. 이것은 제가 마음으로부터 피맺힌 심정으로 말하는 것입니다. 행동하는 양심이 됩시다. 행동하지 않는 양심은 악의 편입니다. 독재자가 칼날을 휘두르면서 백수십 명 죽이고 그렇게 얼마나 많은 사람을 죽였나, 그런 것에 대해서 우리는 결코 그분들의 죽음에 보답하기 위해 우리 국민이 피땀으로 이룬 민주주의를 위해 우리 할 일을 다해야 합니다. 행동하는 양심, 행동할 때 누구든지 사람들은 마음속에 양심이 있습니다. 그러나 행동하면, 그것이 옳은 줄 알면서도 무서우니까, 시끄러우니까, 손해 보니까, 이렇게 해서 양심을 도피합니다. 그런 국민의 태도 때문에 의롭게 싸운 사람들이 죄 없이 이 세상을 뜨고, 여러 가지 수난을 받습니다. 이것이 과연 우리의 양심에 합당한 일인가. (중략) 나는 여러분께 말씀드립니다. 자유로운 나라가 되고 싶으면 양심을 지키라."

—2009년 〈6.15 남북공동선언 9주년 기념식 연설〉

「한국일보」 김지현 기자는 "그는 민주주의를 위해 군사 정권에 저항하며 혹독한 고난을 견뎠고, 남북정상회담을 성사시키며 화해와 공존의 미래를 제시했다. 한국 정치의 고질적 병폐인 지역주의 늪에선 빠져나오지 못한 한계도 있다. 정치는 언어고, 언어는 설득의 도구다. 김대중 대통령은 뛰어난 설득가로 평가받는다. 철학과 논리를 겸비한 설득력은 그가 민주개혁 세력의 지도자로, 대중 정치인으로 성공할 수 있었던 요인 중 하나였다"라고 평가하고 있다.

오늘의 김대중이라는 지도자가 있을 수 있었던 것은 그가 시대정신을 가지고 다수의 대중에게 '시대적 가치', '담론'을 제시하며 소통하는 능력이 있었기 때문이다.

학교든 직장이든 사회 조직이든 정상에 선 사람들은 프레젠테이션의 달인들이었다. 프레젠테이션 역량을 갖추지 못했다면 조직의 리더가 되기 힘들다. 대학 생활을 알차게 보내고 취업을 하거나 사회에 진출할 때 프레젠테이션 역량은 가장 중요한 업무 능력 중 하나다.

프레젠테이션 능력을 키우려면 어떻게 해야 할까? 충분히 생각하고 이를 논리적으로 정리한 뒤 말하는 연습이 필요하다. 자신의 생각을 글로 써 보는 것도 좋다. 말하기 전에 글로 써 보면 생각을 정리하는 연습을 할 수 있다. 능력 있는 리더로 주목받고 싶은가? 그렇다면 프레젠테이션 능력을 길러야 한다. 그래야 리더의 자리에 오를 수 있다.

성공하는 사람은 프레젠테이션 스킬이 다르다

탁월한 프레젠터의 세 가지 스킬

탁월한 프레젠터란 프레젠테이션 후 청중의 가슴에 느낌표를 간직하게 할 수 있는 사람이다. 정보만 전달하는 것이 아닌 감정의 변화를 불러일으키는 사람이 멋진 프레젠터다. 프레젠터는 청중과 끊임없이 언어적 소통을 하며 그가 원하는 것을 감정을 통해 전달하는 감정의 유통자다. 그러면서도 설득의 주요 대상인 청중에게 어떤 이익이 돌아갈 것인지에 집중해야 한다. 탁월한 프레젠터가 되기 위해서 꾸준히 노력해야 할 스킬은 어떤 것인가?

첫째, 자신감이다.

자신감은 어떤 일을 스스로의 능력으로 충분히 감당할 수 있다고 믿는 마음이다. 만약 프레젠터가 자신이 발표하는 프레젠테이션에 대해 자신감이 없다면 목표로 한 것을 청중이 실천에 옮기도록 하는 자신감을 줄 수 없다. 자신감을 위해서는 프레젠테이션의 목표가 무엇인가를 분명히 해야 한다. 프레젠테이션을 마친 후 청중으로부터 기대하는 결과도 알아야 한다. 이를 위해서는 청중이 누구이며 청중이 원하는 것이 무엇인지를 파악하고 그에 상응하는 발표 자료를 구성해야 한다. 또한 발표 자료를 누구보다도 잘 숙지하고 있어야 한다. 청중을 알고, 프레젠테이션의 목표를 알고, 발표 자료를 잘 알고 있다면 프레젠터는 어떤 상황에서도 자신감 있게 대처할 수가 있다.

둘째, 확신이다.

확신은 굳게 믿음 또는 그러한 신념을 의미한다. 프레젠터는 확신에 찬 모습을 보여 주어야 한다. 먼저 프레젠터가 자신이 발표하는 내용을 믿어야 한다. 프레젠터가 프레젠테이션 내용에 대해 확신을 갖지 못한다면 청중 또한 확신을 갖지 못할 것이다. 프레젠터는 최고의 전문가인 것처럼 행동해야 한다.

상대방을 설득해야 하는 프레젠테이션에서는 확신에 찬 언행이 매우 중요하다. 발표 내용에 대해 사전에 충분히 조사하고 다양한 지식을 갖추는 것은 물론 조직이나 회사에 대한 자부심을 갖는 것도 중요하다. 이런 것들이 모여 당당하고 확신에 찬 프레젠터를 만든다.

요즘 같이 다양한 정보와 치열한 경쟁 구조에서는 누구든지 최고의 전문가와 일하고 싶어 한다. 세계적인 자기 계발 전문가인 데일 카네기는 프레젠테이션을 잘하는 방법 중 하나가 "스스로 전문가인 것처럼 행동하는 것"이라고 했다. 훌륭한 프레젠터라면 스스로 확신을 가지고 확신을 심어 줄 수 있는 역량을 반드시 갖추어야 한다.

셋째, 열정이다.

열정은 어떤 일에 열렬한 애정을 가지고 열중하는 마음을 의미한다. 프레젠터는 청중에게 열정을 불어넣는 사람이다. 열정이 없는 프레젠테이션은 청중이 지루해하고, 이는 곧 실패한 프레젠테이션이다. 성공적인 프레젠테이션에서 가장 중요한 요소 중 하나가 바로 열정이다. 여기서 열정이란 용광로처럼 벌겋게 달아오르는 것을 말한다. 그래야만 청중을 움직이고 프레젠테이션의 목적을 달성할 수 있다.

처음부터 역동적으로 시작하라. 역동적이지 않은 시작은 청중의 주의를 끌지 못한다. 최초 1분 내에 청중을 사로잡아라. 시작이 강렬하지 않으면 프레젠터는 프레젠테이션 내내 힘들게 된다. 강렬함으로 포장하라. 프레젠테이션이 끝난 뒤에도 청중으로 하여금 프레젠터와 함께 아이디어, 사고, 에너지를 더욱 나누고 싶도록 만들어야 한다. 이것이 열정적인 프레젠테이션이다.

성공적인 프레젠터가 되려면 발표하는 무대에서 주인공이 되어야 한다. 그 무대는 내 것이고 다른 사람들이 침범할 수 없는 나만의 영역이다. 청중들을 집중시킬 수 있는 카리스마와 실력을 갖춘 프레젠터라면 청중에게 안다는 것의 즐거움, 소통의 즐거움을 줄 수 있어야 한다.

훌륭한 프레젠테이션은 일종의 종합 예술이다. 훌륭한 배우 한 사람 또는 여러 사람이 만들어 가는 예술 작품이다. 그래서 자신감, 확신, 열정을 가지고 청중에게 전문가의 이미지를 심어 줄 수 있어야 한다. 훌륭한 프레젠테이션이 당신을 성공으로 이끌 것이다.

청중을 사로잡는 프레젠테이션 스킬

성공하는 사람들은 주로 프레젠테이션 달인들이고, 프레젠테이션을 잘하는 사람들은 몇 가지 스킬을 가지고 있다. 프레젠테이션의 궁극적인 목적은 자신의 견해나 주장 또는 결론을 다른 사람에게 전달하여 동의를 구하거나 설득하는 것이다. 이 목적을 효과적으로 달성하기 위해서는 치밀한 논리에 따라 이론이나 반론이 없도록 해야 한다. 훌륭한 프레젠터가 갖추어야 할 스킬은 무엇인가?

첫째, 자기 생각을 논리적으로 정리한다.

프레젠테이션을 잘하기 위해서는 자신이 전달하려는 내용을 논리적으로 잘 정리할 수 있어야 한다. 논리란 무엇인가? 어떤 견해나 주장 또는 는 결론에 대해 적절한 근거가 제시될 때 사람들은 보통 논리적이라고 말한다. 논리는 인간의 사고를 표현하는 것으로 흔히 '논리적이다'라고 하면 사고가 질서정연하고 체계적이라는 뜻이다. 한 사람의 사고가 논리적인지를 알려면 그의 사고가 밖으로 표출되어야 하고 머릿속에 있는 생각이 말이나 글로 표현되어야 한다. 말이 논리적인 사람은 일단 생각이 잘 정리되어 있다고 할 수 있다. 논리적 사고는 프레젠터에게 지속적으로 요구되는 능력이다. 논리적인 사고력이 없다면 아무리 많은 지식과 경험을 가지고 있더라도 자신이 만든 주장이나 견해 또는 결론을 청중에게 이해시키기 어렵다. 프레젠테이션의 궁극적인 목적인 설득의 과정에서 필요한 것이 바로 논리적 사고다.

둘째, 상대가 알고자 하는 것을 정확하게 파악한다.

아무리 우수한 프레젠테이션을 했다 해도 청중이 알고자 하는 내용을 파악하지 못한다면 그 발표는 실패한 것이다. 청중의 요구를 기막힐 정도로 잘 간파하는 명 프레젠터들이 있다. 이런 사람들은 청중의 요구에 부응하는 화법을 활용한다. 이들에게는 청중의 요구 사항을 적극적으로 파악해 발표 내용에 반영하는 능력이 있다. 이들은 적극적으로 경청하고 청중의 요구에 부응하는 화법을 개발한다.

즉 청중이 원하는 프레젠테이션의 목적을 확실하게 이해한 상태에서 핵심을 파악하고 주장의 근거를 찾아낸다. '적극적인 경청'으로 프레젠테이션의 핵심 포인트를 파악한다. 문제의식을 가지고 귀를 기울이는 성향이 있다. 적극적인 경청이란 문제의식을 갖고 능동적으로 생각하면서 듣는 것을 말한다.

아무리 화려한 발표 자료를 만들고 지식과 경험이 많다고 해도 자기 생각을 청중이 알아듣기 쉽게 전달하지 못하면 프레젠터 스스로도 당혹스럽다. 공든 탑이 무너지는 느낌일 것이다. 알기 쉽게 전달하기 위해서는 논리적이어야 하고, 메시지가 명확해야 한다. 주장과 근거를 결부시켜 말하고, 합리적인 근거를 제시하고, 구체적으로 이야기를 해야 한다. 프레젠테이션은 언어, 몸짓, 도구 등을 매개 수단으로 청중과의 정신적, 심리적 커뮤니케이션을 하는 것이다.

치열한 경쟁 시대에서 프레젠테이션은 한 개인의 능력을 보여 줄 수

적극적인 경청 Active Listening 의 정의와 특징

적절한 대응을 위해 문제의식을 가지고 능동적으로 생각하면서 듣는 것을 뜻하며 다음과 같은 특징이 있다.

- 자신의 지식과 경험에 비추어 이야기를 듣는다.
- 발표할 부분을 생각하면서 듣는다.
- 중요한 점을 반추해서 듣는다
  — 프레젠테이션 요청자의 특별 주문 사항, 응용할 점 등.
- 자신의 의견을 메모하면서 듣는다
  — 의문점 찬·반론, 근거 등.

있는 최대의 무기인 동시에 타인으로부터 자신을 평가받는 주요 수단
이 된다. 프레젠테이션을 잘하는 사람의 특징은 말이 논리적이라는 것
이다. 논리적으로 말하기란 프레젠터가 의도하는 바를 전달할 때 청중
이 의문점이 없도록 구체적이고 명확하게 이야기하는 것이다.

말하기와 프레젠테이션은 다르다

평소 회식 자리나 업무 회의 등에서 청산유수로 말을 잘하기로 소문난 S사의 김 부장은 프레젠테이션만 하면 내용 전달을 제대로 못해 당황한다. 이런 사례는 우리 주위에서 흔히 볼 수 있다. 대중 앞에만 서면 몸이 작아지고 제대로 말을 못하는 사람들이 많다.

많은 사람들이 프레젠테이션은 어렵다고 생각한다. 맞는 말이다. 특히 직장상사나 대중을 상대로 하는 프레젠테이션은 더욱 어렵다. 평소에 말을 유창하게 하는 사람이 프레젠테이션에서 어려움을 겪는 경우가 많다. 왜 그럴까? 말하기와 프레젠테이션은 다르기 때문이다. 직장인들 사이에서 프레젠테이션 자료를 만드는 데 진을 빼거나 말을 너무 많이 해서 효과를 제대로 얻지 못하는 경우를 종종 볼 수 있다. 프레젠테이션을 단순한 말하기로 오해하기 때문이다.

프레젠테이션에 대한 오해

첫째, '말 잘하는 사람이 프레젠테이션도 잘한다'는 오해다.

우리 주변에는 말을 잘하는 사람들이 많다. 말로 좌중을 지배하거나 사람을 모이게 하는 기술을 가진 사람들이 있다. 말을 잘한다는 것은 소통을 잘하는 능력이라 할 수 있다. 흔히 말을 잘하는 사람은 프레젠테이션도 잘할 것이라 생각한다. 정말 그럴까?

프레젠테이션은 소통보다는 전달이라는 쪽에 더 방점을 두고 있다. 방송 프로그램으로 예를 들면 토론이나 토크쇼 같은 것이 아니라 목적하는 바를 정확하게 전달하는 뉴스 프로그램과 같은 것이다. 다시 말해, 자기 이야기를 하는 것보다 다른 사람이 듣고 싶어 하는 이야기를 핵심적인 메시지로 만들어 논리적으로 이해할 수 있도록 전달하는 것이다. 프레젠테이션을 잘하는 사람은 이런 능력을 가진 사람이다. 말만 잘한다고 프레젠테이션의 목적을 효과적으로 달성할 수 없다. 고로 프레젠테이션을 잘한다고 할 수도 없다.

둘째, 말하기와 프레젠테이션은 전제로 하는 대상이 다르다.

말하기에서는 대개 말하는 사람과 듣는 사람이 주제에 대한 주변 상황을 공유하고 있다. 말하는 내용, 장소, 시간, 태도, 기분, 분위기 등을 서로 알고 있다. 또한 말하기 시작 이전에 있었던 일에 대해서도 공유하고 있다. 참석자들도 이미 서로 아는 사이다. 그렇기 때문에 내용이 잘못되었거나 표현에 문제가 있어도 대상자들이 오해 없이 이해하고 넘어갈 수 있다. 아니면 바로 시정하면 된다.

그러나 프레젠테이션은 주변 상황을 공유하지 않은 상태에서 진행된다. 내용도 좀 더 공식적이다. 참석하는 사람들의 태도나 분위기를 알수가 없다. 프레젠터가 발표하는 내용에 대해서도 전후 상황이 공유되지 않는다. 공유하는 내용이 제한되어 있기 때문에 실수를 하거나 표현을 잘못하면 참석자들을 이해시키기 어렵다. 한 번의 실수도 용납되지 않는다.

셋째, 말하기는 비공식적, 프레젠테이션은 공식적인 언어를 쓴다.

말하기는 비공식 석상에서, 프레젠테이션은 공식 석상에서 이루어지는 경우가 많다. 말하기에서는 모든 상황을 공유하고 있기 때문에 은어를 쓰거나 비유적인 표현을 쓰더라도 오해할 가능성이 적다. 그러나 프레젠테이션은 공식성이 강하다. 특정 계층만 이해할 수 있는 표현은 사용을 주의해야 한다.

말하기에서는 시각 자료가 없이도 편하게 말할 수 있다. 어떤 형식적인 제약이 없다. 소통의 도구는 오직 말하기다. 그에 비해 프레젠테이션은 화자와 청자 간에 설명이 없이도 공식적인 시각 자료를 통해 소통한다. 간단명료하면서 핵심적인 내용 중심으로 설명이 이루어진다. 프레젠테이션 후 공식화할 수 있는 도구가 있다. 말하기는 듣는 상대방과 상호작용을 통해 소통하는 것이고, 프레젠테이션은 어떤 목적을 전달하는 것이다.

우리는 흔히 시각 자료를 화려하게 만들고 발표를 잘하는 기술만 갖추면 프레젠테이션을 잘하는 것으로 착각하는 경우가 있다. 프레젠테이션의 속성은 지식의 전달보다는 설득, 즉 경쟁에서 이기려는 쪽이 강하다. 그러다 보니 사실보다 부풀려서 자료를 만들거나 발표하려는 경향이 있다. 그렇게 하면 프레젠테이션을 잘하는 것으로 착각하는 경우를 종종 보게 된다.

직장에서의 각종 보고는 프레젠테이션을 통해 하는 경우가 많다. 특히 사장이나 고위층에 보고할 때 조직원들은 발표 자료를 만드는 데 많은 에너지를 낭비한다. 다른 경쟁 부서보다 더 눈에 띄거나 보고받는 사람의 비난을 피하기 위해 과도하게 사실을 왜곡하거나 자료의 시각화에 초점을 맞추기도 한다. 또한 입찰을 위한 프레젠테이션의 경우 사실을 부풀리는 경우가 더욱 심하다. 내용은 없고 겉만 화려한 디자인의 시각 자료와 현란한 언변이 좋은 프레젠테이션으로 포장되기도 한다. 그리고 프레젠터는 이를 위해 밤을 새면서 매달린다. 사실을 왜곡한 부풀림은 후에 큰 화로 돌아올 것이다. 프레젠테이션은 사실을 부풀리는 기술이 아니다. 화려한 파워포인트를 만드는 기술도 아니다. 비쥬얼화로 너무 고민해선 안 된다.

미국합동참모본부에서는 파워포인트 프레젠테이션을 사용하지 말고 기본으로 돌아가라는 지시를 내린 적이 있다고 한다. 펜타곤에서는 발표 내용보다 슬라이드를 만드는 데 전력을 기울이는 장교를 '파워포인트 유격대'라며 조롱했다고 한다. 성공하는 프레젠테이션은 멋지고 화려한 비쥬얼화가 아니다. 청중이 듣고 싶은 이야기를 차별화된 내용으로 구성하여 신뢰감 있게 잘 전달하는 것임을 명심해야 한다.

다섯째, 프레젠테이션 능력은 선천적인 자질에 의해 결정되는 것이 아니다.

사람들은 프레젠테이션을 잘하는 사람은 타고난다고 생각한다. 물론 선천적으로 타고난 사람도 있다. 그러나 프레젠테이션을 잘하는 프레젠터들은 철저한 준비와 연습을 게을리하지 않는다. 청중이 원하는 것이 무엇인지 분석해 발표 콘셉트를 잡는다. 프레젠테이션할 내용을 기획하여 시각 자료를 만들고, 발표 시나리오를 만들어 연습한다.

나는 중요한 프레젠테이션이 있는 날이면 처음부터 끝까지 긴장의 끈을 놓지 않는다. 대중 앞에 서는 공포증으로 인해 발표에 서툴렀던 내가 프레젠테이션 능력을 키울 수 있었던 것은 끊임없이 연습하고 실전에 참여하는 과정을 반복했기 때문이다. 등산을 하면서, 지하철에서, 회사 근처 공원에서, 리허설 룸에서, 새벽 하늘을 보면서, 빈 공터에서 연습에 연습을 거듭했다. 프레젠테이션 능력은 누구에게나 있다. 차이를 만드는 비결은 철저한 준비와 연습뿐이다.

프레젠테이션 능력은 개인의 생각을 전달하는 데 있어서 말하기 능력보다 중요하다. 개인의 생각을 대중과 소통하는 데는 비공식과 공식, 두 가지 방법이 있다. 비공식적인 것은 말하기에 가깝고 공식적인 것은 프레젠테이션에 가깝다. 비공식적 말로 소통하는 방식은 생각을 즉각적으로 전달하고 상대방의 반응을 확인할 수 있다는 장점이 있다. 비공식적인 성격이 강하기 때문에 틀린 말을 해도 상호 간 바로 수정할 수 있고 오해의 소지도 적다.

이에 반해 프레젠테이션은 공식적인 상황에 강하기 때문에 프레젠터가 전달한 말에 대해 공식적인 책임이 있다. 즉 말을 함부로 해서는 안 되고 공식적인 장소에서, 공식적인 언어로 소통해야 한다. 결론적으로 말하기와 프레젠테이션은 '다른' 것이다.

이영표가 여전히 스타인 이유

은퇴한 축구 선수 가운데 스타 한 명을 선택하라고 한다면 아마 많은 사람들이 주저하지 않고 이영표를 꼽을 것이다. 2002 한일월드컵을 주름잡았던 스타플레이어가 많은데 왜 이영표인가. 그는 화려한 공격수도 치열하게 중원을 누비던 미드필더도 아니었다. 수비를 잘하는 부지런한 선수였다.

강원도 홍천 출신인 이영표는 안양초중고를 거쳐 건국대 졸업 후 2000년 안양 LG현 FC서울를 통해 프로에 데뷔했다. 2000년 시드니올림픽을 통해 이름을 알린 그는 한일월드컵 '4강 신화'의 주역으로 유럽무대에 진출, 한국축구의 위상을 알리게 된다. 네덜란드 에인트호벤, 잉글랜드 프리미어리그EPL 토트넘, 독일 분데스리가 도르트문트, 사우디아라

비아 알 힐랄을 거쳐 북미 MLS에서 활동했다.

이영표는 특유의 '헛다리 짚기' 드리블로 유명하다. 잉글랜드 프리미어리그 데뷔전 때 세계적인 선수들도 이영표의 드리블의 방향을 가늠치 못해 엉덩방아를 찧었다. 재치 있는 순간 돌파, 화려한 드리블, 스피드가 주무기였다. 대표팀 체력테스트에서 최고점을 받을 정도로 '무쇠 체력'을 자랑했다. 공격 시에는 상대의 측면을 교묘히 파고드는 돌파력은 유럽 무대에서도 증명됐다. 화려한 테크니션이었다.

그러나 운동선수는 나이가 들면 체력의 한계 때문에 은퇴를 하게 된다. 이영표도 2013년 11월 한국과 스위스 친선경기를 마지막으로 27년 축구인생에 종지부를 찍게 된다.

화려했던 선수 중 대부분은 은퇴 후 역사 속으로 사라진다. 곧 인기도 떨어진다. 일부는 감독, 코치 등의 지도자로 변신하지만 대부분은 대중의 기억 속으로 사라진다. 그러나 이영표는 축구해설가로 '제2의 축구인생'을 살고 있다. 어찌 보면 새로운 축구인생이 현역시절보다 더 인기를 얻고 있다.

그의 주옥 같은 말 한마디가 '어록'이 되고 있다. 최고는 2014 브라질 월드컵이다. 그는 "월드컵은 경험을 쌓으러 나오는 게 아니라, 증명하러 나온다"고 했다.

대표팀이 16강에서 고배를 마시자 "경험했다는 게 좋은 의미가 있지만 월드컵은 경험보다는 보여주는 자리"라고 일격을 가했다. 27년 동안 축구만 생각하며 살아온 그가 '체험'을 통해 던진 한마디는 팬의 마음을 꿰뚫기에 충분했다.

대한민국 축구 발전을 간절히 원하고, 축구를 사랑하는 마음이 있었기에 가능한 말이었다. 그는 명 축구해설가로 변신했다. 중요한 것은 멋진 해설을 하기 위해 많은 생각을 하고 공부를 하고 있다는 점이다. 그런 점이 축구팬을 더 즐겁게 하고 있다. 정곡을 찌르는 이영표의 해설은 축구를 보는 재미를 더해 준다.

축구에서 해설은 비즈니스에서 프레젠테이션과 같다. 그는 축구실력만 좋았던 선수에서 '프레젠테이션의 달인'으로 변신했다. 그래서 이영표는 은퇴 후에도 여전히 스타다.

이제, 스토리를 넘어 프레젠테이션이다

프레젠테이션은 나의 스펙을 표현하는 힘이다. 더 나아가 나의 스토리를 표현하는 힘이다. 아무리 뛰어난 사람이라도 자신이 아는 바나 자신의 스토리를 프레젠테이션할 수 없다면 무능한 사람과 별반 차이가 없다. 아무리 독창적인 사고와 경험을 가졌어도 말을 효과적으로 하지 못한다면 쓸모가 없다. 사람들은 자기 안에 있는 생각과 감정, 지식과 경험, 의지와 희망, 직감으로 알게 된 것들을 표현하며 살아간다. 이제는 스펙을 넘어 스토리를 넘어 프레젠테이션 시대가 온 것이다.

나는 프레젠테이션과 거리가 먼 사람이었다. 혈액형도 A형으로 부끄러움을 잘 타서 남 앞에 나서는 것을 싫어했다. 한마디로 내성적이고 조용한 성격이었다. 생각은 많지만 말로 표현하는 것을 별로 좋아하지 않았던 것 같다.

인간은 네 가지 유형이 있다. 생각한 것을 말로써 표현을 잘하는 사람, 생각은 많지만 표현을 잘 못하는 사람, 생각은 그저 그런데 말을 잘하는 사람 그리고 생각도 없고 말도 잘 안 하는 사람이다. 나는 두 번째에 해당하는 사람이었다. 머릿속에 생각은 많은데 그 감정을 다른 사람에게 잘 표현하지 못했다. 특히 다른 사람들 앞에서 발표한 경험도 없었다. 가난하고 불행했던 가정환경으로 인해 소극적 성격이 형성된 것 같다.

나는 직장 생활 전반부 10년을 '대우'에서 보냈다. 컴퓨터 프로그램 엔지니어로서 내게 주어진 일만 하면 어느 정도 버틸 수 있던 시기였다. 주어진 일에 대해 개발 업무를 수행하고 주어진 시간에 딜리버리만 잘하면 되었다. 내 생각을 표현할 때는 말이 아닌 주로 프로그램 코딩을 통해 시스템으로 보여주는 것이 중요했다. 생각을 코딩이라는 수단을 통해 표현한 것이다. 그러다 보니 다른 사람들 앞에서 발표하는 기회가 적었고 그다지 필요성도 느끼지 못했다. 회계 업무, 유통 업무, 신용카드 업무, 대학 업무, 영업 업무, 의료 업무 등 다양한 분야에서 개발을 통해 시스템을 만드는 일을 했다.

지금 돌이켜보면 내 생각을 다른 사람들에게 어필하지 못해 손해를 본 경우가 많았던 것 같다. 여기서 '어필'이란 프레젠테이션 역량을 말한다. 나는 프로그램 개발 업무에는 능한데 제대로 주목받지 못했고 승진에서도 누락한 경험이 있다. 그때 선배들이나 동료들 중에는 말을 잘해 주목을 받고 잘나가는 경우를 종종 볼 수 있었다. 그들은 프레젠테이션 역량을 갖추고 있었던 것이다. 앞에서 이야기한 성격으로 보면 그들은 첫 번째와 세 번째 유형이었던 것이다. 그 당시 내가 프레젠테이션의 중요성을 알고 잘했다면 어땠을까?

이 시절 나는 기술 서적을 많이 읽었다. 이유는 간단했다. 입사 후 참석한 업무 회의에서 나온 기술 용어, 업무 용어를 알아들을 수 있는 게 별로 없었다. 앞이 깜깜했고, 이를 빨리 따라잡으려면 관련 서적으로 공부를 하는 수밖에 없다고 생각했기 때문이다. 내가 25년 이상을 IT 전문가로 살 수 있었던 것은 그때 쌓았던 내공 덕분이 아닌가 한다.

전력을 다해 프레젠테이션 역량을 키워야 한다

1990년대 후반 한국에 각 개인의 가치관을 바꾸게 했던 IMF 사태가 발생했다. 그 시점에 나는 '삼성'으로 이직한다. 엔지니어로만 일해 왔던 나는 신규 사업을 발굴하는 업무를 비롯하여 컨설팅 업무 그리고 PM 프로젝트 매니저으로 활동하게 된다. 나의 직장 생활 중반부가 시작되는 시점이다.

우리나라 정부 기관의 정보화 사업에 PM으로 10여 년 넘게 일하면서 나는 컨설팅 및 매니징 업무를 접하게 되었다. 이때부터 나의 프레젠테이션이 시작되었다. 정부 사업을 수주하기 위해서는 사전 영업 활동을 하고 RFP Request for Proposal, 제안요청서에 따라 제안 작업 그리고 제안 설명회를 거쳐 평가를 받게 된다. 여기서 제안 설명회 발표는 PM이 하기로 되어 있다. 이 때문에 나는 내 의사와 관계없이 본격적으로 프레젠테이션을 시작하게 되었다. 새로운 직장에서 살아남기 위해 생존형 프레젠테이션을 하게 된 것이다. 제안 작업, 제안 발표 그리고 컨설팅을 하면서 많은 종류의 자료를 기획하고 만들게 되었으며, 발표를 위해 직접 프레젠테이션 시나리오를 만들고 연습했다.

처음에는 서툴고 어려웠지만 프로젝트를 하나씩 추가할 때마다 프레젠테이션 역량이 향상되었다. 정부 사업을 수주, 10년 넘게 프로젝트를 수행하면서 프레젠테이션에 대한 두려움을 극복하기 위해 나는 외로운 연습을 거듭했다. 집에서, 사무실 근처 야외에서, 산에 올라가서도, 지하철을 타고 출퇴근하면서도 연습을 반복했다. 이 덕분에 난 곧잘 대중 앞에서 프레젠테이션을 하게 되었다.

삼성은 업무 특성상 프레젠테이션 역량의 중요성을 알고 베스트 프레젠터 자격 제도를 운영하며 프레젠터 역량에 따라 1급에서 4급까지의 자격을 부여했다. 매년 연말이면 최고의 프레젠터를 선발하기 위한 연말 프레젠테이션 왕중왕전 행사가 실시되기도 했다. 내게도 우연히 부서에서 출전 권유가 들어왔고 사업부, 사업 본부 예선을 거쳐 출전, 입상을 하게 되었다.

입상 혜택으로 사내 프레젠테이션 클리닉 과정 강사로 선임되어 프레젠테이션 역량을 키우고자 하는 직원들을 위해 멘토로 활동하기도 했다. 그리고 전사에서 시행하는 베스트 프레젠터 자격 심사위원 활동으로 1,000명 이상을 대상으로 한 평가 작업을 하면서 프레젠테이션의 세계에 들어서게 되었다.

프레젠테이션 역량은 자신을 차별화하고 능력을 인정받을 수 있는 중요한 자산이다. 전문가의 길을 걷고 조직의 리더로 세워지기 위해, 돈과 명예를 얻는 데도 필수 무기다. 최고의 프레젠터가 되기 위해서는 어떤 분야에서 자기만의 학습과 경험을 통한 전문 분야를 가지고 있어야 한다. 열정으로써 그 지식을 대중과 잘 소통해서 전달할 수 있는 역량을 키워야 한다. 아무리 글을 잘 쓰고 전문성을 가지고 있다 해도 대중 앞에서 잘 전달하지 못한다면 분명 그 한계가 생긴다. 전문성만 가진 사람은 전문성과 프레젠테이션 역량을 모두 갖춘 사람을 따라갈 수 없다. 프레젠테이션 역량을 키우기 위해 전력을 다해야 하는 이유는 바로 이 때문이다.

프레젠테이션을 통해 자신이 가진 스토리를 전달해야 한다

내 인생의 후반부는 코칭의 삶을 살고 싶다. 내가 가진 스토리를 프레젠테이션하며 살고 싶다. 나는 IT 전문가로 30여 년 가까이 일해 왔다. 한 분야에서 한 우물을 판 사람이라고 할 수 있다. 새로운 트렌드와 기술이 하루가 다르게 변하는 이 분야에서 30년 정도를 일한다는 것은 현실적으로 쉬운 일은 아니다.

인생의 전반부에서는 엔지니어로서 기술 서적을 읽으며 기술 습득에 힘을 기울였다. 중반부에서는 조직의 프로젝트를 관리하는 매니저로서 경영 관련 서적을 읽으며 역량을 넓히는 데 투자했고 경영학 박사 학위도 취득했다. 후반부로 넘어오면서 요즘은 인문학에 빠져 버렸다. 인문학은 창조의 원천인 것 같다. 내가 좀 더 젊은 시절에 인문학 서적에 빠졌더라면 또 다른 삶의 길을 걸을 수도 있었을 거라는 생각도 든다.

『인간이 그리는 무늬』라는 책의 저자 최진석 교수는 "인문학이 없이는 상상력이나 창의성이 없다"고 했다. 또한 "인문학은 주체적인 삶 그리고 행복과 밀접한 관계가 있는 학문"이라고 말했다. 그는 "우리나라가 선진국으로 진입하느냐 못 하느냐의 문제를 다른 말로 표현하면 인문학이 중심 기능을 하는 사회로 진입하느냐 못 하느냐의 문제라 할 수 있다"라고까지 피력하고 있다.

우리 것이 없이는 세계 시장을 지배할 수 없다. 우리는 자동차를 만들 수 있지만 자동차라는 장르를 만들지 못하고 외국에서 만든 것을 모방만 하고 있다. 세탁기를 만들지만 세탁기라는 장르를 만들지는 못했다. 우리가 세계를 리드하기 위해서는 이러한 새로운 장르를 만들 수 있어야 하는데, 그 중심에 인문학이 있다는 것이다.

나는 뛰어난 사람은 아니다. 다만 꾸준한 사람, 엉덩이가 무거운 사람이다. 요즘은 우리나라 300대 명산을 완등하기 위해 매주 토요일이면

배낭을 메고 산으로 향한다. 매주 토요일 안 빠지고 간다면 6년이 걸린다. 한 분야에서 10년은 해야 전문가라는 이야기를 듣는다. 그렇다면 나는 전문가인가? 30년의 IT 분야 업무 경력과 박사 학위 소지자라면 말이다. 아니다. 이는 단지 스펙일 뿐이다. 그저 머릿속에, 종이에 있는 무늬일 뿐이다. 이것들을 대중 앞에서 스토리화하여 프레젠테이션으로 그들에게 감동과 영감을 주고, 그들을 움직이게 할 때 전문가라고 인정을 받게 될 것이다.

나는 그간 일에 파묻혀 하지 못했던, 내 안에 내재되어 있던 것들을 밖으로 표출하는 삶을 살기로 했다. 코칭의 인생을 살기로 한 것도 그 때문이다. 코칭은 자라나는 인재를 훌륭하게 키우는 일이다. 이 일을 위해서는 글도 쓰고 책을 출간하는 일도 중요하지만 더 중요한 것은 프레젠테이션을 잘하는 일이다.

이제는 말하기도 배워야 하는 시대다. 대학 진학 시 말하기의 비중이 점점 중요해지고 있다. 기업체 채용에서도 프레젠테이션 능력을 요구하고 있다. 프레젠테이션이란 공식적인 말하기에 해당한다. 자기 자신을 제대로 표현하지 못하면 자신이 가진 능력을 인정받지 못한다. 아무리 좋은 스펙을 갖추었어도 차별화를 위해서는 스펙에 기반한 스토리가 있어야 한다. 그래야 경쟁에서 생존할 수 있다. 프레젠테이션을 통해 자신이 가진 스토리를 대중에게 전달해야 한다. 스토리를 넘어선 프레젠테이션이 필요하다.

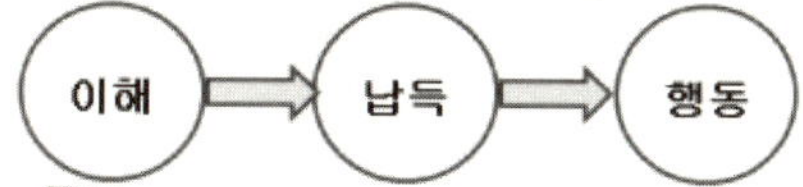

프레젠테이션의 정의, 절차 목표를 설명하고 있다.

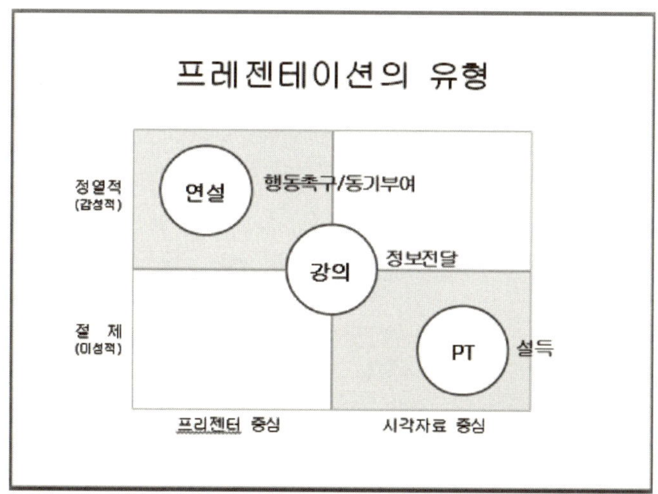

프레젠테이션 유형은
설득,정보전달, 행동촉구(동기부여), 오락으로 구분된다.

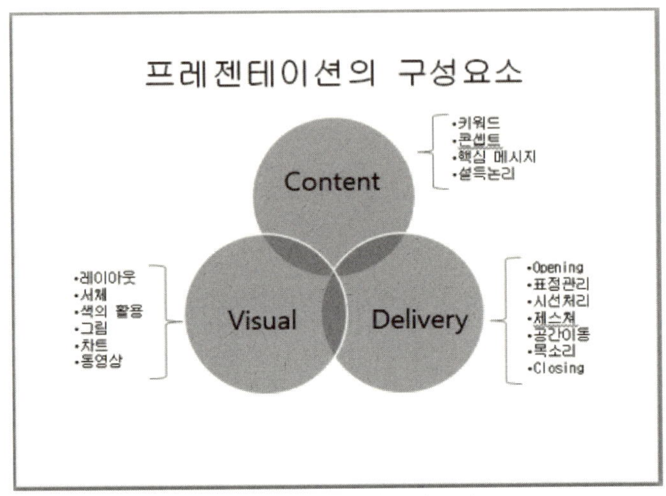

프레젠테이션의 3가지 구성요소는
Contents(발표자료), Visual(시각화), Delivery(전달)로 구성된다.

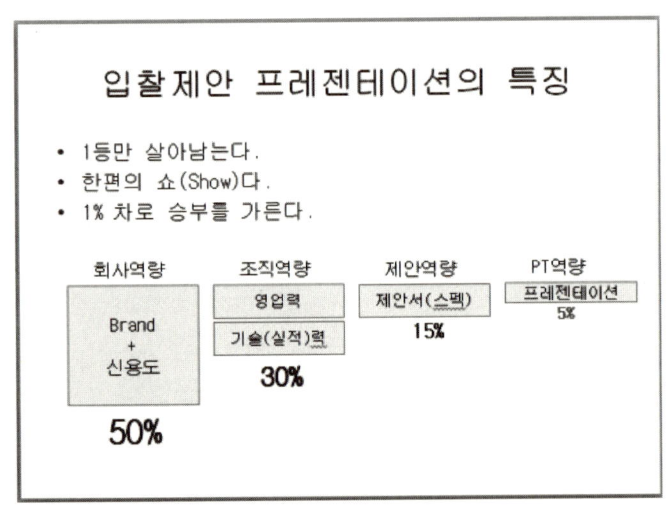

입찰제안 프레젠테이션의 특징은
1등만 살아남는 것으로 PT역량이 핵심이다.

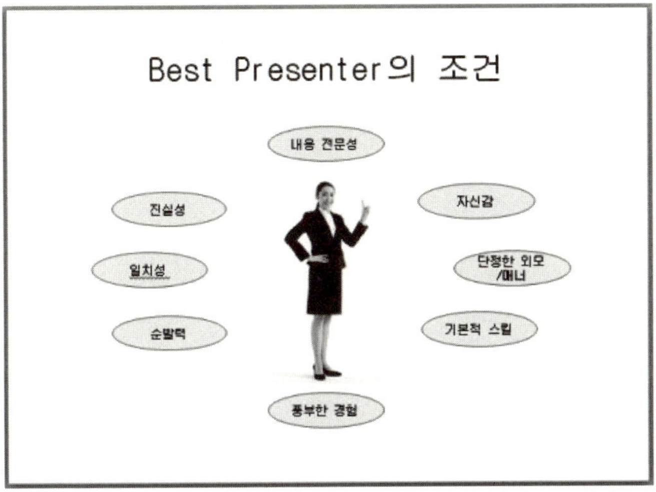

베스트 프레젠터가 갖추어야 할 8가지 역량요소를 설명하고 있다.

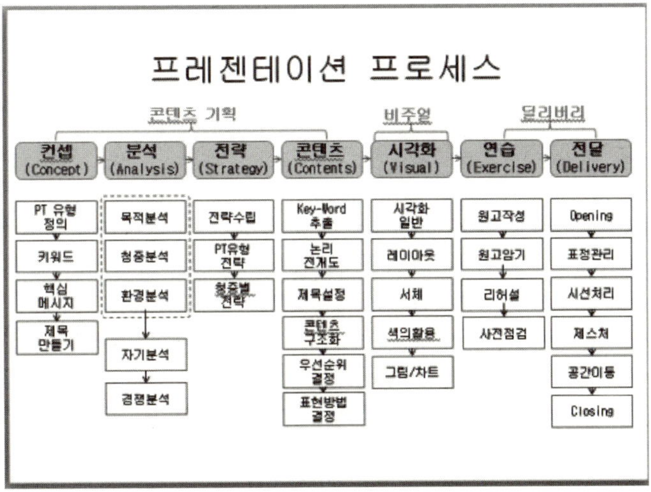

프레젠테이션 7단계 프로세스를 설명하고 있다.

1퍼센트가 다른
베스트 프레젠테이션

PART 2

1등 프레젠테이션은 1퍼센트가 다르다

인간과 침팬지의 DNA 구조는 98.7퍼센트가 같다고 한다. 차이는 1.3 퍼센트다. 소수점 이하를 절사하면 1퍼센트 차이다. 그러나 인간의 삶과 침팬지의 삶은 완전히 다르다. 성공한 사람과 실패한 사람도 큰 것이 아닌 아주 작은 차이에서 결정된다. 행복과 불행도 마찬가지다. 우리 주위에서 일어나는 모든 일들이 그러하다.

몇 년 전 문화체육관광부에서 발주한 망분리 구축 사업에 제안 PM으로 참여한 적이 있다. 청사에 네트워크를 분리하고 보안 메일과 보안 솔루션을 도입하여 보안을 강화하는 사업이었다. 이미 문화체육관광부에서는 일부 보안 업무를 구축하여 사용 중이었다. 그 시스템을 운영하고 있는 기존 업체도 있었다. 그런데 기존 운영 시스템이 낙후되었고 문제 발생 시 신속하게 대응하지 못해 기존 업체가 신뢰를 많이 잃은 상황이었다. 물론 기존 업체는 기존 업무 환경과 기술에 대해서는 너무도 잘 알고 있었다.

　PM으로 제안을 통해 기존 업체와 경쟁해서 이겨야 하는 상황이었다. 여러 가지로 불리한 상황이었다. 많은 고민을 했다. 어떻게 하면 업무 환경과 기술적인 측면에서 우위에 있는 경쟁사를 이길 수 있을까? 사실 입찰 제안은 피 말리는 싸움이다. 1등만 승리하기 때문이다. 제안 프레젠테이션 콘셉트를 어떻게 잡아야 할지, 경쟁사와 어떻게 차별화를 할지 많은 전략을 세웠다. 그리고 우리는 결국 수주를 따냈다.

망분리 구축 사업 프레젠테이션 성공 사례

이 사업의 제안 PM인 나는 '신뢰'라는 키워드를 도출하여 프레젠테이션 도입부와 마무리에 이 키워드를 삽입해 PT 자료를 만들었다.

도입부에서는 신뢰의 꽃말을 가진 과꽃을 키워드로 전략을 풀기 시작했다. 과꽃을 뜻하는 영문자 ASTER를 신뢰를 상징하는 꽃말의 각 알파벳 머리글자를 내세워 전략을 풀어갔다. 어차피 구축되는 사업 내용은 비슷할 것이고 경쟁사도 RFP_{Request for Proposal, 제안요청서} 규격서에 따라 제안할 것으로 예상했기 때문이다.

프레젠테이션 마무리 부분에서는『차를 반쯤 마셔도 향은 처음 그대로』라는 책 제목을 인용해 시작과 끝이 한결같은 마음으로 일하겠다는 '신뢰'를 강조해서 프레젠테이션했다. 나는 마지막 한 문장의 작은 차이로 프로젝트를 수주했다고 생각했다.

많은 사람들이 1등 프레젠테이션은 따로 있다고 하지만 아주 작은 차이에서 결정되는 경우가 많다. 1등만을 가리는 프레젠테이션에서는 1퍼센트의 차이가 크기 때문이다. 그렇다면 1퍼센트가 다른 1등 프레젠테이션은 어떤 걸까?

사람들은 프레젠테이션에 대해 막연하게 생각하는 경우가 많다. 프레젠테이션 자체에 두려움을 가질 수도 있다. 나 역시 프레젠테이션을 앞두고 고민을 많이 한다. 잠도 설치고 끼니를 거르면서 준비하기도 한다. 어떻게 해야 청중에게 감동을 주고, 그들의 눈과 귀를 사로잡아 효과적으로 설득할 수 있을지를 고민한다.

청중의 마음을 울리는 1%의 차이

모두가 프레젠테이션에서 성공할 수는 없다. 경쟁 프레젠테이션의 경우 1등은 단 하나이기 때문이다. 1등이 아니면 탈락이다. 청중은 프레젠테이션 초반에 기대와 관심을 보이지만 프레젠테이션이 진행되면서는 금세 무관심하고 지루한 표정을 보인다. 프레젠터는 당황하게 되고 프레젠테이션의 리듬을 잃어버린 채 허겁지겁 마무리하고 단상에서 내려오게 된다. 이쯤 되면 그 프레젠테이션은 실패다. 어떻게 하면 실패하지 않는 1등 프레젠테이션을 할 수 있을까?

첫째, 1등의 프레젠터는 전문성과 자신감이라는 기본적인 자질을 갖추고 있다.

1등 프레젠터의 기본적인 자질은 무엇일까? 자신감이다. 청중은 프레젠테이션 현장에 참석하기 전 여러 가지 기대치를 안고 들어온다. 개인이든 조직이든 무언가를 얻기 위해 참석한다. 참석자들마다 각자의 기대치가 있는 것이다. 그리고 프레젠터는 이런 청중의 기대치를 충족해 주어야 할 의무가 있다. 청중에게 감동을 주지 못한다면 그 프레젠테이션은 실패한 것이다.

프레젠터는 그날 발표하는 내용에 대해서는 전문가라고 자신해야 한다. 그 누구보다 많이 알고 잘 설명할 수 있어야 한다. 발표 분야의 전문가가 발표하면 내용에 대해서도 더 신뢰를 얻고 감동을 주는 것은 당연한 일이다. 프레젠터는 신뢰를 기반으로 청중을 감동시킬 수 있어야 한다. 그 기저에는 자신감과 열정이 자리한다. 자신감이 있으면 발표 내용이 미흡하더라도 청중은 잘 인식하지 못한다. 자신감이 있으면 청중은 신뢰한다. 자신감이 있으면 내용이 부족해도 청중은 감동을 받는다.

둘째, 1등 프레젠터는 청중의 요구를 제대로 분석한다.

참석하는 청중을 제대로 분석하지 않고 프레젠테이션에 성공하기는 어렵다. 프레젠테이션은 하는 목적이 분명히 있다. 청중이 모이는 목적도 있다. 프레젠테이션을 준비하고 발표하기 전 청중의 구성, 수준, 요구 사항 등을 반드시 사전에 파악해야 한다. 청중은 크게 단순 참석자, 프레젠테이션을 주관하는 실무 부서 그리고 의사 결정권자이다. 여기서 의사 결정권자는 프레젠테이션을 통해 무엇인가를 얻고 추진하는 데 핵심적인 요구 사항과 의사 결정을 내리는 사람이다.

프레젠터는 프레젠테이션을 준비하기 전에 실무 부서 담당자들이 원하는 것이 무엇이고 단순 참석자들의 요구가 무엇인지 알아야 한다. 특히 의사 결정권자가 원하는 것이 무엇인지 내용에 반영하는 것이 중요하다. 리더들은 어떤 일을 추진할 때 제3자 전문가 등을 동원해 자신을 합리화하려는 목적으로 프레젠테이션을 요청하는 경우가 많기 때문이다. 이럴 때일수록 프레젠테이션에는 핵심 의사 결정자의 의도나 목적을 파악해 이를 반영한 내용을 담아 전달하면 성공할 수 있다. 이런 청중 분석이 제대로 안 되면 실패할 확률이 매우 높다.

셋째, 1등 프레젠테이션에는 한 문장으로 요약된 가슴에 남는 메시지가 있다.

발표 내용이 많거나 말이 많다고 성공하는 프레젠테이션이 아니다. 십 분을 발표하든, 삼십 분을 발표하든, 한 시간을 발표하든, 하루를 발표하든, 청중은 똑같다. 프레젠테이션을 듣는다는 것 자체가 피로하고 지루한 일이며 끝나면 기억에 남는 것이 없다. 아마 독자들도 그런 경험을 많이 했을 것이다. 나도 프레젠테이션 현장을 많이 가보았고 각종 세미나, 콘퍼런스 등에 참석을 해봤다. 대부분의 프레젠터들은 주어진 시간을 맞추기 위해 장황하게 설명을 한다. 화려한 장표도 만들어 보여 주고 질문을 하거나 유머도 섞어 가며 청중을 재미있게 하려고 한다. 여러 개의 메시지를 전달하여 자신의 전문성을 뽐내는 경우도 종종 있다.

내가 생각하는 1% 다른 프레젠터는 이런 사람들이 아니다. 한 발표에서 내용의 많고 적음이 문제가 아니다. 그날 발표 내용을 한 문장으로 요약해 한 메시지로 만들어 발표하는 사람이다. 이 하나의 메시지를 남길 수 있는 사람이 1% 차이를 만드는 프레젠터다. 이것이 없다면 실패하는 프레젠테이션이 될 확률이 높다. 프레젠터는 하나의 메시지를 만드는 일에 온 힘을 바쳐야 한다.

넷째, 1등 프레젠터는 슬라이드에 집착하지 않는다.

역설적이게도 프레젠테이션을 성공시키고 싶다면 슬라이드에서 벗어나야 한다. 슬라이드에 너무 의존하지 말자. 슬라이드에 집착하다 보면 겉은 화려하지만 속은 비어 있는 프레젠테이션이 될 수 있다. 애니메이션이나 디자인은 화려하지만 핵심 메시지가 없거나 슬라이드에 너무 많은 정보를 담아서 프레젠터가 슬라이드에 지나치게 의존해 발표를 하는 경우가 많다.

많은 사람들이 프레젠테이션을 준비할 때 슬라이드 제작에 올인한다. 슬라이드 제작을 위해 밤을 새우기도 하고 거액을 투자해 디자인 작업을 하는 경우도 있다. 이런 행위는 실패하는 프레젠테이션의 지름길이다. 청중의 이해를 돕기 위해서는 한 장의 사진 또는 실물을 보여 주고 만지게 해 주는 것이 더 효과적이다.

초보 프레젠터일수록 모든 정보를 슬라이드에 담으려고 노력한다. 이는 바보 같은 짓이다. 슬라이드에 의존하는 프레젠테이션은 청중을 떠나게 만든다. 발표나 자연스러운 진행도 어렵게 만든다. 슬라이드 없이도 재미있게 열정적으로 프레젠테이션 할 수 있어야 한다. 슬라이드에 의존하면 할수록 실패 확률도 그만큼 높아진다는 사실을 기억하자.

다섯째, 1등 프레젠터는 준비가 철저하다.

프레젠테이션을 잘하는 비결은 철저한 준비와 연습뿐이다. 아무리 훌륭한 프레젠터라도 준비와 연습이 부족하면 제대로 된 프레젠테이션을 하기 어렵다. 오늘날의 청중은 다양하고 수준도 높다. 인터넷의 발전으로 수많은 정보를 실시간 검색할 수 있다. 프레젠터가 하는 말을 즉석에서 검색해 그 진위 여부도 확인이 가능하다. 철저히 준비하지 못해 틀린 정보를 전달한다면 바로 들통나고 신뢰도 잃게 될 것이다. 프레젠테이션을 선천적으로 잘하는 사람은 없다. 제대로 준비하고 철저히 연습하면 누구나 1등 프레젠터가 될 수 있다. 준비 단계에서 발표 콘셉트, 기획, 시각 자료 제작, 대본 등을 만들고 연습을 거듭해야 한다.

1등 프레젠테이션은 큰 차이에서 오는 것이 아니다. 1퍼센트 차이에서 결정된다. 청중의 마음을 울리는 것도 아주 작은 것에서 비롯된다.

프레젠테이션에 자신의 이야기를 담자

심리학자 프로이드는 공감에 대해 '상대방의 정신적인 상태를 고려하고 나를 그 속에 넣어 나의 것과 비교함으로써 이해하려고 노력하는 것'이라고 정의했다. 한편 제라드 이간Gerard Egan은 공감을 정서적 공감, 인지적 공감, 의사소통으로서의 공감의 세 가지 수준으로 구분하였다.

누군가를 설득하기 위해서는 공감이 필요하다. 공감하게 할 수 있다면 설득이 쉬워진다. 프레젠테이션이란 프레젠터가 원하는 목표를 달성하기 위해 정해진 시간 안에 청중에게 어떠한 사실이나 정보, 자신의 의견 등을 전달하고 설득하는 것이다. 청중으로 하여금 프레젠터가 원하는 목표를 달성할 수 있도록 의식이나 행동의 변화를 유도하는 일련의 과정이다.

이를 위해 프레젠터는 의사소통의 공감력을 갖추어야 한다. 일반적으로 사람들은 자신의 이야기를 하는 프레젠터에 대해 쉽게 공감하고 호감을 갖는 경향이 있다. 설득이 이루어지기 위해서는 먼저 공감이 이루어져야 한다. 청중이 공감을 한다는 것은 설득될 준비가 되어 있다는 것이다. 자신의 이야기를 프레젠테이션에서 적절하게 녹여 낼 수 있어야 베스트 프레젠테이션이 된다.

감초같은 솔직한 이야기 섞기

1등 프레젠터들이 자신의 이야기를 담아내는 데는 몇 가지 특징이 있다.

첫째, 솔직함이 있다. 솔직함이란 모든 것을 이야기하는 게 아니라 진실을 이야기할 때 거짓을 말하지 않는 것이다. 일반적으로 사람들은 자신의 이야기를 할 때 솔직하게 모든 것을 이야기하는 경우는 거의 없다. 자신의 과거와 현재를 솔직하게 말한다는 것은 큰 용기가 있어야 가능하다. 출신 지역, 출신 학교, 불행한 과거 등 말하기가 부끄러운 것들은 진실과 다르게 이야기하기 쉽다.

우리는 논쟁, 마찰을 피하기 위해 종종 '진짜 속마음'을 감추어 버린다. 학창 시절에는 정직한 것이 옳다고 배워 왔지만 우리는 점점 솔직한 것이 좋은 상황만을 만들진 않는다는 것을 깨닫고 진짜 속마음을 드러내지 못한다. 그러나 프레젠테이션에서는 솔직하게 자신의 이야기를 꺼내야 청중을 공감시킬 수 있다.

최고 스타 강사인 김창옥은 KBS「아침마당」이라는 프로에서 자신의 아픈 가정사에 대해 솔직하게 이야기하며 청중의 공감을 끌어냈다.

제가 강의하다가, "제 고향이 어딜까요?" 하고 강의 참석자분들에게 물어보니까, 저쪽에서 "필리핀…… 필리핀……" 하시는 거예요.
제 고향은 필리핀이 아니에요. 제 고향은 제주도입니다. 그런데 부모님 고향은 해남이시래요. 사투리가 겁나 불죠, 징해 부러요.
저희 어머니와 아버지는 운명처럼 결혼을 하셨는데요. 한 할머니 할아버지 두 분이 친구셨는데, 두 분이 술을 마시다가 "자네 딸 우리 아들 주세" 하시자 할아버지가 술김에 "그러세" 하신 거예요. 저는 세상에 가장 슬픈 새가 '그러세'인 것 같아요. 저희 어머니가 18세에 '그러세'에 시집을 가신 거예요……. 슬퍼요.

둘째, 자신의 이야기는 타인과 공감할 수 있는 소재여야 한다. 우리는 종종 프레젠테이션 현장에서 자신의 스토리를 이야기할 때 현장 상황과 맞지 않는 에피소드로 공감을 얻지 못하는 경우가 있다. 청중의 특성을 고려해 그들이 공감할 수 있는 소재를 선택해야 한다.

스타 강사 김미경은 이 분야의 달인이다. tvN「스타 특강쇼」에서 그녀가 '김미경의 남자 고르는 법'을 주제로 한 강의를 살펴보자.

여자는 어떤 남자를 골라야 될까요? 여자는 이런 남자랑 결혼하세요. 저평
가…… 우량주……. 남들은 가치를 모르는데 나는 알아.

사람들은 작전주에 속아요. 작전주가 어떤 사람인 줄 알아요? 아주 좋은 차
를 갖고 나타나는 사람, 그리고 되게 좋은 집에 산다고 하는 사람, 그게 자기
게 아니거든.

그래서 여러분은 가끔 어떤 남자를 만나면 '왜 이 사람은 이런 옷을 입는가?'
를 생각하세요.

그런가 하면 어떤 남자는 데리고 다니면 진짜 폼나요. 여자들은 그런 남자랑
결혼하려고 해요. 여러분, 절대 안 됩니다. 그게 다 작전주여. 막상 결혼하려
고 보면 어떤 줄 아세요? 대출이 엄청 많은 거여. 그 차 사느라고. 나 빽 사 주
고, 나 구두 사 주고 하느라고. 도대체 이 빚 어따 썼어 그러면, 남자가 뭐라
고 하겠어요? 너, 네가 다 입고 있잖아.

이런 식으로 작전주에 속으면 결혼 후에는 그 모든 대가를 내가 다 받고
살아요. 저평가 우량주와 결혼하세요. 그래서 어떤 남자랑 결혼해야 되
느냐? 부모한테 무언가 자산을 많이 물려받은 남자는 썩 좋지 않아요.

나는 내가 되게 기특해요. 생각해 봐요. 스무 살에 서울 올라와서 화곡
동 자취방에서 코딱지만 한 곳에서 서울 생활 시작했어요. 그래서 지금
마흔아홉이에요.

지금까지 자산을 쌓아오고 열심히 공부하면서, 김미경이라는 사람이 나
에게는 최고의 자산이 되었어요. 김미경이라는 사람이 이렇게 돌아다
니잖아요. 그러면 돈이 생겨. 이렇게 돈이 따라오잖아요. 그렇죠? 이게

나의 엄청난 자산이죠?

이렇게 해서 내가 하나하나 무엇인가 나를 이뤄 왔어요.

가난한 남자와 결혼하세요. 저는 되게 가난한 남자랑 결혼했어요. 우리

아버지가 나 결혼식 날 안 오려고 했어요. (중략)

이 프레젠테이션은 부모 세대와, 결혼을 하지 않은 여성들을 대상으로 김미경이 한 강의의 일부다. 자신의 에피소드를 통해 요즘의 결혼 문화에 대해 비판하며 젊은이들에게 충고를 곁들여 소통하고 있다. 자신의 과거 이야기와 현재 우리가 앓고 있는 결혼 문화의 문제점을 섞어서 설득의 논리를 만들어 가고 있다. 이처럼 자신의 이야기를 할 때 청중은 더 감동을 받는다.

베스트 프레젠테이션을 기획할 때 자신의 어떤 스토리를, 어떤 위치에 넣어야 할지 고민해야 한다. 한약에 단맛을 내는 감초가 있듯이 프레젠테이션에서도 공감을 불러오는 감초 같은 이야기를 섞어야 한다. 발표 내용에만 충실하면 자칫 지루한 발표가 될 수 있다. 자신의 이야기를 적절하게 가미하는 사람이 1등 프레젠터가 될 수 있다. 이것이 좀 더 많은 공감을 얻고 청중을 설득할 수 있는 길이다.

하고 싶은 이야기보다 듣고 싶은 이야기를 하라

프레젠테이션이 지루하고 실패하는 이유는 무엇일까? 프레젠터들이 다음과 같은 잘못된 가정에서 프레젠테이션을 하기 때문이다.

- 청중은 내가 이야기할 주제에 대해 관심을 가질 것이다.
- 청중은 내 이야기에 귀를 기울일 것이다.
- 청중은 슬라이드를 보면 이해할 것이다.

사실 청중은 그럴 마음이 없다. 대부분의 프레젠테이션이 프레젠터가 하고 싶은 이야기를 하기 때문에 실패한다.

베스트 프레젠테이션은 청중이 듣고 싶은 이야기를 한다. 기본적으로 청중이 '궁금해 하고, 듣고 싶어 하는 이야기'를 해야 그들의 마음을 얻을 수 있다. 청중이 어떤 사람인지를 알아야 그들이 원하는 것이 무엇인지, 어떤 방식으로 그 내용을 전달할 것인지 정하고 방법을 준비할 수 있다.

프레젠테이션은 청중의 반응을 얻으려는 노력이다

몇 년 전 중국에서 비즈니스 활동을 할 때의 일이다. 나는 스마트 제조 솔루션으로 중국 기업을 대상으로 영업했다. 한번은 칭다오에 있는 가전업체 A사를 방문해 우리의 솔루션과 비즈니스 모델에 대해 프레젠테이션을 하게 되었다. 그 자리에는 공장의 총 책임자를 포함해 실무진들이 참석한 상태였다. Smart Manufacturing의 발전 방향 등 거시적인 측면에서 발표를 하고 있는데, 갑자기 공장 책임자가 "우리에게는 우리만의 철학이 있다"라고 하며 몇 분 정도 이야기하더니 자리를 박차고 나가 버렸다. 프레젠테이션은 그 순간에 중단이 되고 말았다. 우리는 어리둥절한 상태에서 철수를 해야 했다.

그 이후 상황을 분석한 결과 프레젠테이션 내용이 공장 책임자가 듣고 싶은 이야기가 아니라 우리가 하고 싶은 이야기였다는 것이 원인이었다. A사 공장 책임자는 현재 자신들이 안고 있는 현실적인 문제에 대한 솔루션을 듣고 싶어 참석했는데, 우리는 미래의 먼 이야기를 하고 있으니 화가 난 것이다. 프레젠테이션은 실패했고 이후로 다시 볼 수 없었다. 프레젠테이션은 청중이 듣고 싶은 것을 그 내용으로 해야 한다는 사실을 깨닫게 된 사건이었다.

청중이 듣고 싶은 이야기를 하기 위해서는 청중과의 교감이 필요하다. 프레젠테이션은 '청중의 반응을 얻으려는 노력'이다. 프레젠테이션이 원맨쇼가 되지 않으려면 프레젠터는 청중과 교감해야 한다. 교감을 잘하기 위해서는 청중을 잘 알아야 한다. 청중에 대한 이해가 없다면 일방적인 발표가 될 뿐이고 결과는 뻔하다.

청중은 청중 입장의 맞춤형 프레젠테이션에 감동하므로 청중을 위한 맞춤형 서비스를 제공해야 한다. 즉 청중의 입장을 고려해 프레젠테이션해야 한다.

- 청중의 요구 → 청중이 원하는 것
- 청중의 특성 → 청중에게 효과적인 설명 방식
- 주제에 대한 청중의 지식수준 → 설명의 난이도
- 주제에 대한 청중의 호감도 → 주장하는 수준을 파악하여 청중이 듣고 싶어 하는 내용으로 프레젠테이션해야 한다. 청중이 듣고 싶은 이야기를 할 때 청중은 집중을 하고 반응을 보이게 된다.

<A사 영업 전략 회의실 장면>

사장 앞에서 프레젠테이션만 하면 칭찬을 받는 영업 1팀장과 매번 스트

레스만 받는 영업 2팀장이 있다. 매월 발표하는 영업 전략 프레젠테이션 자리에서 양 팀장은 정성을 다해 프레젠테이션 자료를 준비해 보고를 한다. 영업 활동과 영업 실적은 영업 2팀장이 훨씬 앞서 있다. 고객들이나 부하들의 평도 영업 2팀장이 더 좋다. 그런데 그는 사장 앞에서 하는 보고 자리에서 늘 사장을 화나게 만든다. 이유는 단순했다. 영업 1팀장은 사장이 듣고 싶은 이야기를 했고, 영업 2팀장은 자신이 하고 싶은 이야기를 했기 때문이다.

많은 부서를 상대하는 사장은 한 부서의 업무 진행 사항을 모두 알 수가 없다. 영업 1팀장은 이런 사실을 알고 본 프레젠테이션을 시작하기 전 사장이 지시했던 사항들 중 진행 사항을 요약해 간략하게 보고함으로써 사장으로부터 관심을 받고 있었다. 즉 사장의 입장에서 관심을 가지고 의사결정을 해야 할 사항을 미리 설명함으로써 그를 쉽게 설득할 수 있었다. 반면 영업 2팀장은 자신이 하고 싶은 이야기 위주로 발표를 함으로써 사장을 설득하기 어려워 스트레스를 받고 있었다. 지금 영업 1팀장은 프레젠테이션 하나로 승승장구를 하고 있는 반면 영업 2팀장은 결국 회사를 그만두어야 했다.

사례에서 보았듯이 칭찬과 스트레스는 백지 한 장 차이다. 이런 프레젠테이션 하나가 한 사람의 운명을 좌우할 수도 있다. 특히 면접, 경진대회, 자격 심사, 입찰 제안 설명회 등의 프레젠테이션에서는 청중의 입장에서 청중이 듣고 싶은 이야기를 하는 것이 더욱 중요하다. 이런 유형의 프레젠테이션은 대부분 심사위원들이 평가하는 평가표들이 있기 때문이다.

나는 삼성SDS에서 베스트 프레젠터 자격을 위한 심사위원으로 활동하면서 1,000명이 넘는 참석자를 대상으로 심사를 한 적이 있다. 회사에서는 참석자들에게 프레젠테이션 준비 및 실행 시 참고할 평가표를 나누어 준다. 그리고 심사위원들은 평가표대로 비율에 따라 점수를 주고 자격을 부여하게 된다. 참석자들 중에는 평가표대로 발표를 하는 사람이 있는가 하면, 그렇지 않은 사람들이 대부분이다. 프레젠터 자격을 취득하는 이는 평가자 입장에서 프레젠테이션을 준비한 참가자들이다. 평가자 입장에서도 심사하는 내내 스트레스가 많다. 그런 점에서 평가표 배점이 잘 드러나도록 프레젠테이션을 준비하는 참가자들이 고마울 정도였다.

베스트 프레젠테이션은 프레젠터가 하고 싶은 이야기보다 청중이 듣고 싶은 이야기를 해야 한다. 그러기에 청중과의 교감이 필요하다. 프레젠테이션은 '청중의 반응을 얻으려는 노력'이다. 프레젠테이션이 원맨쇼가 되지 않으려면 청중과 교감을 통해 그들이 듣고 싶은 것이 무엇인지 알아내야 한다. 청중에 대한 이해가 없다면 일방적인 발표가 될 뿐이다.

청중의 입장으로 관점을 바꾸어 볼 필요가 있다. 오늘날의 청중은 항상 분주하다. 청중의 수준도 높다. 이들은 정보의 홍수 속에서 수많은 통계, 데이터, 숫자 등에 노출되어 있다. 구성도 다양하다. 청중은 자신이 관심 있는 것에만 집중한다. 그들이 듣고 싶은 이야기가 아니면 집중하지 않는다. 청중의 입장에서 원하는 것을 이야기해야 성공하는 프레젠테이션이 될 수 있다.

베스트 프레젠테이션을 위해
청중의 입장에서 고려해야 할 사항

- 내용프레젠테이션의 주제와 내용의 선정

  '청중'이 원하는 내용인가?
- 청중의 입장에서 그 내용과 수준이 적절한가?
- 내가 청중이라면 듣고 싶은 내용인가?
- (청중에게) 유용한 정보인가?
- 흥미는 있으나, 어렵지 않은가?
- 이미 다 알고 있는 내용은 아닌가?
- 지금, 꼭 필요한(필요하지 않은) 정보인가?
- 내가 이 이야기를 할 적절한 인물인가?

보고 싶다는 말

생전 처음 듣는 말처럼

오늘은 이 말이 새롭다

보고 싶은데

비 오는 날의 첼로 소리 같기도 하고

맑은 날의 피아노 소리 같기도 한

너의 목소리 들을 때마다

노래가 되는 말

평생을 들어도 가슴이 뛰는 말

사랑한다는 말보다 더 감칠맛 나는

이해인의 시처럼 나는 내 인생을 바꿔 준 가슴 뛰는 한마디 말이 있다. 나는 시골에서 중학교를 다녔다. 중학교 시절을 되돌아보면 뚜렷하게 기억나는 일 두 가지가 있다. 하나는 영어 선생님과 관련한 일이다. 내 이름의 한자는 쓰기가 쉽지 않은데, 선생님이 칠판에 한자로 내 이름을 써 보라고 했다. 내가 또박또박 쓰자 잠시 보더니 대견스럽다는 듯이 칭찬을 해 주셨다. 지금도 그 상황을 잊을 수가 없다.

또 다른 기억은 기술 선생님과 관련한 일이다. 그분은 서울의 명문대학에서 공과대학을 졸업하고 시골 중학교 기술 선생님으로 오신 분이었다. 선생님은 자신의 친구들은 대부분 대기업에 입사해 제품 개발에 힘쓰며 국가 발전에 기여하고 있다고 했다. 기술을 배우기 위해 미국,

일본 등 해외로 진출해 교육을 받으며 시야를 넓히고 있다고도 했다. 자신들이 만든 제품을 만들어 팔기 위해 세계 시장을 개척하고 있으며 월급도 많이 받는다며, "여러분도 꼭 공대에 들어가라"고 하신 말씀이 아직도 내 가슴을 뛰게 하는 한마디다. 이후 나는 공과대학에 진학해 꿈의 대기업에 입사하게 되었고, 오늘에 이르렀다.

이처럼 가슴 뛰는 말 한마디가 인생을 바꿀 수 있다. 베스트 프레젠테이션은 익숙한 말보다는 가슴을 뛰게 하는 말을 해야 한다. 스티브 잡스의 프레젠테이션이 그러했고 마틴 루터 킹의 '나는 꿈이 있습니다'라는 연설이 그랬다. 그의 말은 미국의 흑인과 백인의 대립에서 평등과 공존을 만들었다.

세계 시장을 겨냥하라

나는 1989년에 대우전자에 입사했다. 그리고 MIS_{management Information System, 경영정보시스템}실에 배정되어 자금 관리·회계 관리 시스템을 운영하고 개발하는 업무를 수행하게 되었다. 공학도 신입 사원이 경영 관련 업무를 맡게 된 것이다. 회의 과정에서 오가는 모든 용어들이 낯설어 무척 힘든 시기였다. 경영학 원리, 회계학 원리 등 책을 사서 코피가 터지도록 공부를 해가며 일을 배웠다.

당시 나는 대우전자에서 사용하고 있는 회계 시스템을 전면 재개발하는 프로젝트에 참여하게 되었다. 너무도 어려운 환경이었고 위기도 있었다. 다른 조직과의 갈등, 기술적 한계 등으로 좌초의 위기에 처하기도 했다. 아파서 쓰러지거나 중간에 탈퇴하는 동료도 있었다. 나는 회의 중에 코피를 쏟기도 했다. 이런 상황에서 프로젝트 리더가 프로젝트원들을 불러놓고 다음과 같은 가슴 뛰는 이야기를 했다.

"우리의 한계는 우리 조직의 한계다. 우리 조직의 한계는 대우전자의 한계고, 대우전자의 한계는 대우그룹의 한계다. 대우그룹의 한계는 대한민국의 한계다. 우리가 만들지 못하면 대한민국이 만들지 못한다. 그렇게 되면 우리는 세계 시장으로 나갈 수 없다. 모든 것은 우리의 손에 달려 있다."

만약 이 프로젝트 리더가 "이번 프로젝트만 잘 마무리하면 승진도 할수 있고 연봉도 더 받을 수 있고 더 좋은 일을 할 수 있는 기회도 갖게된다. 지금은 힘들더라도 조금만 더 참고 일하자"라고 말했다면 어땠을까? 나는 아마 회사를 떠났을지도 모른다. 프로젝트가 실패했을지도 모른다. 그러나 '한계론'이라는 가슴 뛰게 하는 말 한마디가 프로젝트 팀원들에게 힘을 주었고 결과적으로 프로젝트는 성공적으로 끝났다. 지금도 내 나이 스물여덟에 들었던 그 가슴 뛰는 말을 가슴에 새기며 일하고 있고, 이는 나를 지탱해주는 원동력인지도 모른다.

프레젠테이션은 화려한 말잔치가 아니다. 화려한 제스처 잔치도 아니다. 화려한 슬라이드 잔치 또한 아니다. 가슴 뛰게 하는 말이 있어야 한다. 그래야 청중의 마음을 움직일 수 있고 설득할 수 있으며 변화를 이끌어 낼 수 있다.

한번은 삼성에 있을 때 부서원을 대상으로 IT 서비스업의 아이덴티티에 대한 프레젠테이션을 한 적이 있다. IT 서비스 산업이 예전과 달리 불황기에 접어들어 여러 가지 고민거리가 많은 때였다. 새로운 길을 찾아야 하는 상황이었다. 영업 담당자, 사업 개발 담당자들과 함께 이 업종에 대해 논하는 자리에서 나는 이렇게 말했다.

"IT 서비스업을 하는 사람은 화가와 같은 사람이다. 화가들은 물감과 도화지를 이용해 그림을 그리는 사람들이다. 그 사람들은 똑같은 도구를 이용해 그림을 그리더라도, 그리는 사람에 따라 가치는 천차만별이다. 어떤 그림은 천 원짜리를 그리고, 어떤 그림은 백만 원, 천만 원 또는 수십억 원짜리를 그리고 있다. 화가의 능력에 따라 가치가 다르기 때문이다. IT 서비스업도 우리가 어떤 그림을 그려 고객에게 어떤 가치를 제공하느냐에 따라 달라진다."

프레젠테이션이 끝나고 며칠 후 후배 한 명이 나에게 와서 그때의 설명으로 IT 서비스업의 아이덴티티를 잘 이해하게 되었다며 감사하다고 했다. 그 후배는 마침 IT 서비스업에 대해 회의적인 생각을 가지고 있던 터였는데 그에 대한 생각을 바꾸게 되었다는 것이다.

만일 내가 그때 IT 서비스업에 대해 다음과 같이 익숙한 말로 설명했다면 사람들의 반응은 어땠을까?

"IT 서비스업이란 '기업, 정부 등 조직의 목표 달성을 위해 정보 시스템을 구축하는 종합 서비스'를 말한다. 하드웨어, 소프트웨어, 통신망, 전산 인력 등의 전산 자원을 일의 목적과 특성에 맞게 통합해 최적의 해결점을 제시하고, 조직 업무 수행에 필요한 정보 시스템을 개발·유지·보수하는 과정까지 포함하는 광범위한 개념이다. 분야로는 시스템 통합, 시스템 유지 관리, IT 컨설팅, IT 아웃소싱, 비즈니스 프로세스 아웃소싱 그리고 교육 훈련 등이 있다. IT 서비스업은 이런 활동을 통해 가치를 창출하고 돈을 버는 업이다."

아마 그날의 논의는 끝나지 않았을 것이다.

베스트 프레젠테이션은 가슴이 하는 말이다. 청중의 귀를 솔깃하게 하는 말보다 청중에게 정말 필요하면서도 마음에 남는 말이다. 익숙한 말로는 청중의 마음을 움직일 수 없다. 익숙한 말은 이미 청중도 알고 있기 때문에 집중시킬 수 없다. 당신이 성공을 꿈꾼다면 다른 사람으로부터 주목받고 싶다면 가슴 뛰게 하는 말로 프레젠테이션해라.

베스트 프레젠테이션은 명확하고 심플하다

"단순함은 복잡함을 이긴다. 단순하게 만들기 위해서는 여러분의 생각을 맑게 하고 열심히 노력해야 한다. 일단 경지에 오르면 산도 옮길 수 있다."

스티브 잡스의 말이다. 스티브 잡스의 프레젠테이션은 콘셉트가 명확하고 심플한 것이 특징이다. 심플함이 전 세계인들의 마음을 움직였다.

프레젠테이션은 콘셉트의 반복 설명이다. 프레젠테이션의 99퍼센트는 콘셉트가 좌우한다. 프레젠테이션의 콘셉트는 청중의 마음속에 자리 잡게 하는 그 무엇이다. 콘셉트란 프레젠테이션에서 드러내고자 하는 주된 생각을 말한다. 자신이 전하려고 하는 콘셉트를 뼈대로 삼고 그에 떨어지는 논리와 스토리를 붙여 나가는 과정이 프레젠테이션이다. 어쩌면 프레젠테이션의 제목이 바로 콘셉트이고 프레젠테이션 제목을 읽었을 때 콘셉트를 파악할 수 있어야 한다. 베스트 프레젠테이션은 콘셉트가 명확하고 심플해야 한다. 그래야 청중의 마음속에 남는다.

2018년 2월 9일 평창에서 한편의 드라마와 같은 프레젠테이션이 가져다준 전 세계인의 축제인 동계올림픽이 열린다. 우리는 2018년 평창 동계올림픽 유치 성공의 순간을 잊을 수 없다. 10년을 기다리고 준비한 평창의 철저한 준비와 더불어 유치 프레젠테이션은 대외적으로 큰 이슈가 되었다. 프레젠테이션의 성공 요인을 콘셉트 관점에서 보면 평창 동계올림픽 유치의 외적·내적 이익에 대한 콘셉트가 명료하고 단순했다는 것이다.

"새로운 지평을 여는 역사상 가장 콤팩트한 올림픽"

2018 평창동계올림픽 유치 프레젠테이션에서 말하고자 하는 메시지는 한 문장으로 요약이 되었다. 그리고 평창은 다른 도시와 다른 강점을 극대화함으로써 차별화를 시도하였다. 또한 여덟 명의 프레젠터들은 하나같이 새로운 지평에 대한 반복, 강조를 통해 청중과 위원들의 뇌리에 평창의 비전을 각인시켰다. 결국 한국은 올림픽 유치에 성공했다.

이처럼 콘셉트는 프레젠테이션의 성공 여부를 결정한다. 콘셉트에 따라 프레젠테이션의 전략이 달라지기 때문이다. 콘셉트를 만들 때는 청중의 소리를 정확히 파악해야 한다. 청중들이 겉으로 드러난 가치뿐만 아니라 내면에 든 가치도 파악할 수 있도록 진행해야 한다. 또한 메시지가 단순하게 전달될 수 있도록 해야 한다.

땀 흘리는 젊음, 열정樂서 토크 콘서트

대구 영남대학교에서 열린 '땀 흘리는 젊음, 열정樂서 토크 콘서트'에서 삼성전자 전동수 사장의 청춘들을 위한 프레젠테이션 콘셉트도 명확하고 심플하다. '열정樂서'는 삼성의 CEO를 비롯한 임직원들, 경제, 경영, 문화, 스포츠 분야를 대표하는 이 시대 최고의 멘토들이 청춘들을 직접 만나 열정과 희망을 전해 온 토크 콘서트로 진솔한 강연과 대화, 멋진 공연이 어우러진 소통의 장이다. 내일을 향해 도전하는 젊은이와 열정, 꿈, 고민을 함께 나누고 이야기하는 자리다.

"Deep Focus Deep color" 엄청난 집중과 자기만의 색깔

"High Risk High Return" 높은 위험, 높은 결과

"No Pain, No Gain" 고통이 없으면 얻는 것도 없다

전동수 사장은 'Deep Focus Deep Color'라는 메시지를 청춘들에게 던지며 꿈과 희망, History와 Story를 이야기하고 있다. 단순 명료한 콘셉트를 반복적으로 이야기하며 소통하고 있다.

단순하고 잘 짜인 이야기가 훨씬 더 강력한 효과를 발휘한다. 콘셉트의 메시지는 딱 머릿속에 박히도록 전달해야 한다. 콘셉트의 메시지는 단순하고 강렬해야 한다. 또한 듣는 이의 감성을 자극하며 반복되어야 한다. 프레젠테이션이 끝난 후 청중의 가슴속에 그 메시지가 남아야 성공한 프레젠테이션이라고 할 수 있다.

나에게는 꿈이 있습니다

"나에게는 꿈이 있습니다. 언젠가 이 나라가 모든 인간은 평등하게 태어났다는 것을 분명한 진실로 받아들이고, 그 진정한 의미를 신조로 살아가게 되는 날이 오리라는 꿈입니다. 언젠가는 조지아의 붉은 언덕 위에 예전에 노예였던 부모의 자식과 그 노예의 주인이었던 부모의 자식들이 형제처럼 식탁에 함께 둘러앉는 날이 오리라는 꿈입니다. 언젠가는 불의와 억압의 열기에 신음하던 저 황폐한 미시시피 주가 자유와 평등의 오아시스가 될 것이라는 꿈입니다. 나의 자녀들이 피부색이 아니라 인격에 따라 평가받는 그런 나라에 살게 되는 날이 오리라는 꿈입니다."

유명한 인권 운동가인 미국의 마틴 루터 킹 목사의 '나에게는 꿈이 있습니다'라는 연설의 일부다. 이 연설문의 콘셉트 메시지는 '나는 꿈이 있습니다'이다. 이는 1963년 링컨 기념관에서 흑인 차별 철폐를 외치며 25만 명 앞에서 행해진 연설이다. '나에게 꿈이 있습니다'라는 콘셉트 역시 단순명료하고 반복해서 강조되고 있다. 이 메시지는 마틴 루터 킹이 연설한 지 50년이 지난 지금에도 우리 가슴속에 남아 있다.

사람이 모이는 공간

2002년 한일월드컵 주경기장은 마포구 성산동의 쓰레기 매립장인 난지도에 건설되었다. 1998년 11월 6일에 착공하여 2001년 11월 10일에 개장된 이 경기장은 아시아 최대의 축구 전용 경기 시설이다. 서울 지하철 6호선 월드컵경기장역과 연결되며 주변에 디지털 미디어 시티와 월드컵공원이 있다. 건물 내에는 쇼핑몰인 월드컵 몰과 대형 할인점인 홈플러스, CGV 영화관과 피트니스클럽 등이 있다. 경기가 열리지 않는 날에도 일반인이 방문할 수 있으며, 허가를 받을 경우 잔디 구장 이용도 가능하다.

상암동 월드컵경기장 건설을 위한 입찰 프레젠테이션이 있던 당시 A컨소시움과 B컨소시움이 입찰 프레젠테이션에 참여했다. B사는 프레젠테이션 콘셉트를 '사람이 모이는 공간'으로 잡았다. 당시 상암동은 쓰레기 매립지로 낙후된 곳이었고, 정부에서는 월드컵이 끝난 후 경기장 운영에 대해서도 많은 고민이 있었다. B컨소시엄은 이런 내용을 알고 '사람이 모이는 공간'으로 콘셉트를 잡아 수주에 성공했다. 콘셉트에 따라 사람이 모일 수 있도록 건물 내에는 쇼핑몰인 월드컵 몰과 대형 할인점 등의 편의 시설들이 들어섰고, 공원도 조성되었다. 프레젠테이션의 콘셉트는 그만큼 중요하다.

베스트 프레젠테이션은 하나의 메시지에 이르기 위한 설득의 여행이다. 프레젠테이션을 통해 프레젠터가 전달하고자 하는 콘셉트의 메시지는 단순해야 한다.

단 하나의 제품, 단 하나의 메시지가 프레젠테이션 안에 담겨 있어야 한다. 베스트 프레젠테이션은 콘셉트가 명확하고 단순하다.

프레젠테이션은 생각을 그리는 무늬다

일찍이 그리스의 철학자 아리스토텔레스는 인간을 이렇게 정의 내렸다. 동물과 인간은 분명히 다른 존재라는 것이다. 인간은 생각을 하고 생각의 무늬인 언어라는 도구를 통해 말을 한다. 사람에게는 언어의 그물망이 내재되어 있다. 다른 사람이 언어의 도구로 한 말을 언어의 그물망을 통해 접수를 하고 그물망에 걸리는 만큼 생각을 하게 되었다. 물론 언어의 그물망의 크기나 깊이는 사람마다, 환경마다 모두 다르다. 이런 구조 속에서 사람들은 커뮤니케이션을 하며 살아간다. 조직이나 사회도 마찬가지다. 각자의 생각과 생각을 연결해 가면서 또 다른 생각을 만들어 간다.

프레젠테이션은 생각을 그리는 무늬다. 위키 백과사전은 '생각은 결론을 얻으려는 관념의 과정이다. 목표에 이르는 방법을 찾으려고 하는 정신 활동을 말한다. 사상, 사유라고도 한다'라고 정의하고 있다. 우리말 사전에서는 '헤아리고 판단하고 인식하는 것 따위의 정신 작용, 경험해 보지 못한 사물이나 일을 머릿속으로 그림, 무엇을 하기로 마음속으로 작정하거나 각오함'이라고 정의하고 있다. 지각이나 기억의 활동만으로는 충분하지 않은 경우 어떻게 이해하고 행동해야 할 것인가를 헤아리는 활동을 '생각'이라고 말한다.

우리말 사전에서 무늬는 '물건의 표면에 어룽져 나타난 모양, 옷감, 조각품 따위에 장식으로 표현하는 여러 가지 형상'이라고 정의하고 있고, 다른 말로 '결'이라고도 한다. 생각을 그리는 무늬란 프레젠터가 가지고 있는 생각을 청중의 생각으로 스며들도록 하는 것이다. 청중이 이해하기 쉽게 생각을 이미지화하는 것이다.

인터넷과 SNS가 만들어 놓은 거대한 네트워크는 엄청난 양의 정보를 생산하고 있고, 언제든지 접근해 활용할 수 있는 환경을 제공하고 있다. 그 속에 파묻힌 사람들은 오늘도 정보의 바다 속에서 허우적거리고 있다. 그와 동시에 사람들은 생각하는 방법을 잊어버렸다. 사람 간 생각의 특성이 사라지고 있다. 이렇다 보니 남의 생각만을 공유할 뿐, 내게서 비롯되어 새롭게 만들어지는 것은 없다. 베스트 프레젠테이션은 내게서 비롯된 새로운 생각을 그리는 무늬다. 이렇게 그려진 생각이 청중에게 전달될 때 가슴을 움직이게 하는 것이다.

생각의 무늬를 그리기 위해서는 생각을 정리하지 않을 수 없다. 남이 그린 생각의 무늬를 그대로 베끼는 것이 아니라 순수한 고유의 내 생각을 무늬로 그리기 위해 사색을 통한 정리가 필요하다. 베스트 프레젠테이션이 되기 위해서는 사색하고 그 결과물을, 생각을 그리는 활동을 통해 지식을 창조하는 생산자가 되어야 한다. 생각의 무늬를 보는 사람에서 생각의 무늬를 그리는 사람이 되어야 베스트 프레젠터가 될 수 있다.

『호모 이마고』의 저자 우성주 교수는 "사랑에 대한 개념과 느낌은 단어에 대한 사전적 풀이보다 연인이 함께하는 사진이나 아기를 돌보는 엄마 이미지를 통해 효과적으로 전달된다. 자신의 이상형을 설명하려고 수치나 정보를 나열하는 사람은 거의 없다. 대부분 사람은 이미지 조합을 통해 나만의 이상형을 그려 보게 마련이다"라고 이야기하고 있다. 생각의 무늬는 다른 어떤 것보다 전달의 효과가 높다. 건축물을 지을 때 건축가들은 조감도라는 것을 그린다. 그 건축물의 복잡한 생각을 무늬로 그려 쉽게 이해하려는 작업이다. 건물을 짓는 기술자들은 그 이미지를 상상하며 작업을 한다. 생각을 그려야 소통이 되는 것이다.

글이나 말보다 생각의 무늬로 전달하면 사람들은 더 쉽게 이해를 한다. 프레젠터가 청중 앞에서 자신이 얼마나 설득력이 높은 사람인지 보일 수 있는 가장 좋은 방법은 바로 생각을 무늬로 그리는 것이다. 물론 어떤 사람들은 자신의 생각을 글이나 말을 통해 더 잘 드러낼 수 있다고 생각할 수 있다. 하지만 같은 내용이라 하더라도 생각의 무늬를 통해 전달될 때 사람들은 더 쉽게 이해할 수 있다. 생각의 무늬는 프레젠터의 생각뿐 아니라, 청중의 사고 능력 역시 뚜렷하게 인지하는 의사소통 방법이다.

청중이 이해하는 언어

베스트 프레젠테이션에서 성공은 결국 청중이 프레젠터를 어떻게 평가하느냐에 따라 결정된다. 당신은 똑똑하고 능력 있는 프레젠터일 수 있지만 청중은 그렇게 생각하지 않을 수 있다. 미술사학자 아놀드 하우저는 "구석기인들은 눈에 보이는 것이 아니라 그들이 아는 것을 그렸다"고 했다. 앞서 언급한 우성주 교수는 "인간은 이미지를 통해 삶의 본질을 사유하고, 소유하며, 소통한다. 이런 특징은 인류가 문화를 만들고 문명을 이루며 살아가도록 하는 창조적 동력이며, 인간의 본질적인 독창성이다"라고 말하고 있다.

생각은 저절로 솟아나는 것이 아니다. 온전히 생각에 빠져들 시간과 공간이 확보될 때 만들어진다. 그리고 그 생각은 무늬로 그려져야 청중이 이해하는 언어가 되는 것이다.

그렇다면 생각의 무늬는 어떻게 그려지는가? 수필 쓰기의 소재 찾기와 비슷하다. 생각의 무늬는 관심 → 관찰 → 교감 → 의미 부여의 단계를 거쳐 그려진다.

첫째, 관심 단계다.

관심은 '어떤 것에 마음이 끌려 신경을 쓰거나 주의를 기울임'이라는 의미를 가지고 있다. 우연히 발견하는 경우도 있지만 생각의 무늬를 찾으려는 의식과 노력이 항상 있어야 한다. 이것이 관심이다. 생각 중에서 구체적으로 생각의 무늬를 선택하고 싶은 것이 발견되면 관심을 가지고 살펴야 한다. 지속적인 관심을 갖는 데서 몰랐던 생각을 포착할 수 있고 접근할 수 있다. 프레젠테이션의 주제와 관련된 생각들에 대해서 지속적인 관심을 가져야 한다.

둘째, 관찰 단계다.

관찰은 '사물의 현상이나 동태 따위를 주의하여 잘 살펴봄'이라는 의미를 가지고 있다. 관찰은 관심을 가진 생각의 무늬에 대해 이모저모를 관찰하는 것이다. 무엇보다도 생각이 가진 실체와 프레젠테이션 주제와의 연관성을 알고자 노력해야 하며, 이를 위해 세밀한 관찰이 필요하다. 주제와 관련이 있는 생각을 찾아내야 한다.

셋째, 교감 단계다.

교감은 '서로 접촉하여 사상이나 감정 따위를 함께 나누어 가짐'이라는 의미를 가지고 있다. 주제와 관련된 생각들과 일체감을 갖기 위해 마음이 통해야 한다. 서로 정이 들도록 말없이 대화를 주고받는 과정이 필요하다. 이것이 교감이다.

예컨대 사람, 사물, 동물, 자연 등을 보이는 대로 보지 않고 내면과의 대화를 통해 교감할 때 생각의 무늬를 그리고 싶은 충동을 느낀다. 프레젠터의 관점에서도, 청중 관점에서도 교감해야 한다.

넷째, 의미부여 단계다.

의미 부여는 생각의 발견 → 관심 → 관찰 → 교감하는 과정에서 프레젠터의 철학 그리고 청중의 마음속 내면과 결부시켜 어떤 의미를 부여하는 작업이다. 이때는 구체적인 구성이나 윤곽보다 자연스레 떠오르는 생각 속의 의미를 부여한다. 의미부여 과정을 거쳐야 비로소 생각의 무늬가 그려진다. 의미가 부여된 생각들의 모임이 생각의 결이다.

프레젠테이션은 자신의 생각을 청중에게 이해시켜 어떤 목표를 얻을 수 있도록 설득하는 기술이다. 이렇게 하기 위해서는 프레젠터와 청중 간 소통이 중요하다. 글이나 말은 분명 소통하는 데 장점들이 있다. 글은 읽는 맛이 있고, 말은 듣는 맛이 있다. 그러나 읽고 듣는 것만을 통해서는 전달되지 않는 생각의 무늬라는 것이 있다. 생각의 무늬는 자신의 생각을 다른 사람에게 전달할 수 있도록 하는 도구다. 우리는 어떤 의식적인 노력 없이도 다른 사람에게 자신의 생각을 전달하기 위해 생각의 넓이, 깊이, 본질 등을 인지해야 한다.

사람들은 보는 것을 통해 이런 변화를 좀 더 쉽게 이해한다. 바로 이

점이, 우리가 자신의 생각을 드러내야 할 때 글이나 말보다는 생각의 무늬가 스스로에게도 더 설득력 있게 보이는 이유다. 생각을 그리는 것이 곧 소통이다. 자신이 주장하고자 하는 생각을 만들고 그 생각을 전달하기 위해 생각의 무늬를 그릴 줄 알아야 한다. 생각을 만드는 것이 부품이라면 생각을 전달하는 것은 조립하는 일이다. 부품이 아무리 많아도 조립하지 않으면 완제품을 만들 수 없다.

팩트에 80퍼센트의 스토리를 입혀라

덴마크의 미래학자 롤프 옌센은 정보화사회, 지식기반사회에 이어 꿈, 감성, 스토리가 바탕이 되는 드림 소사이어티가 도래한다고 했다. 『직장 밖으로 행군하다』의 저자 임원화는 "앞으로 시간이 더 흐를수록 특별한 나만의 스토리가 있는 사람이 돋보이고 앞서 나가게 된다. 마음을 움직이는 스토리를 잘 전달하는 사람, 소통, 공감 능력이 뛰어난 사람, 꿈과 감성 스토리를 바탕으로 상상력과 창조력을 갖춘 사람이 점차 승리할 것이다"라고 했다.

프레젠테이션도 스토리, 스토리텔링 기법이 도입되고 있다. 베스트 프레젠테이션은 팩트에 스토리를 입히는 작업이다. 스토리가 없는 프레젠테이션은 청중의 관심을 제대로 끌 수 없다. 스토리텔링 기법이란 드라마뿐 아니라 사극이나 예능 프로그램, 리얼 버라이어티쇼, 예능, 다큐멘터리, 뉴스, 영화에 이르기까지 각 방송 및 영상 장르가 갖는 고유의 특성과 이야기 구조, 즉 플롯을 이해하고, 이에 맞게 구성하는 것이다. 스토리텔링이 원활하게 되면 청중이 팩트에 대해 흥미를 가질 수 있다. 흥미를 가진다는 것은 프레젠터가 무슨 말을 하는지 그 의도와 뜻을 분명히 이해한다는 것이다. 프레젠터의 뜻이 정확하게 전달되는 것이 스토리텔링의 기본 의도다.

'성공하는 사람들'이라는 주제로 프레젠테이션을 한다고 가정해 보자. 성공이란 무엇인가? 성공한 사람들의 특징, 성공의 조건, 성공한 사람들의 90퍼센트는 큰 꿈을 가지고 있었다, 성공한 사람들의 90퍼센트는 실패를 경험했다, 이런 것들은 팩트에 해당한다. 만약 프레젠터가 이런 팩트만 나열해 발표를 한다면 진부한 프레젠테이션이 될 것이다. 이미 다 아는 내용이라 흥미를 불러일으킬 수 없다.

프레젠테이션에서 팩트는 20퍼센트 이내에서 이야기하라. 대신 팩트에 해당하는 에피소드나 사례를 스토리텔링화해야 한다. 예를 들어 정주영 회장이나 스티브 잡스의 성공 사례도 좋다. 성공한 사람의 90퍼센트가 실패를 경험했다는 팩트에 대해 실제 성공 인물의 사례를 들어 스토리로 풀어 가야 한다. 프레젠테이션의 80퍼센트는 스토리로 끌어 가라.

좋은 스토리텔링 조건은 논리 구조가 명확하고 이야기 흐름이 유려해야 한다. 그리고 청중이 관심을 가질 수 있는 소재여야 한다.

『스토리텔링, 인간을 디자인하다』의 저자 홍숙영 교수는 "성공적인 스토리텔링을 위해서는 독특한 시각, 드라마틱한 질문, 감성적인 콘텐츠가 있어야 한다"고 이야기하고 있다. 독특한 시각이란 이야기 안에 포함되어 있는 중요한 내용이나 이야기를 통해 얻을 수 있는 특별한 깨달음을 의미하며, 프레젠터는 다른 사람이 보지 못하는 부분을 보거나, 같은 내용을 보더라도 자신만의 견해를 갖는 습관을 가져야 한다.

드라마틱한 질문이란 관객의 주의를 끌 수 있는 질문을 말하며, 청중의 호기심과 궁금증을 불러일으켜 마지막까지 몰입하도록 만들어야 성공적인 스토리텔링이라 할 수 있다. 감성적인 콘텐츠란 감성적으로 동조하게 만드는 내용으로 이야기를 꾸며야 한다는 것이다. 스토리텔링 기반의 프레젠테이션을 하기 위해서는 나만의 스토리, 나만의 콘텐츠를 제시해야 한다.

2018 평창동계올림픽 유치 프레젠테이션 책임자인 테렌스 번스는 "훌륭한 프레젠테이션이란 무엇인가?"라는 질문에 다음과 같이 답변했다.

"가장 중요한 것은 '누구'와 '왜', 이 두 가지다. PT에 참석한 청중이 누구인지를 아는 것이 열쇠다. 그들이 듣고 싶은 이야기를 해야 마음을 얻는다. 하고 싶은 이야기를 하면 십중팔구 실패다. 평창 유치전에서 청중은 IOC 위원들이다. 그들에게 '왜 평창이어야 하는가?'에 대한 답을 제시하는 것이 관건이었다."

청중이 듣고 싶은 스토리를 해야 마음을 얻는다는 것이다.

스토리는 매력이자 설득이다

그러면 그가 제시한 스토리는 무엇이었을까? 이미 우리나라는 두 번의 유치 실패를 경험했다. 그래서 실패를 되풀이하지 않아야 했고, 그는 더 이상 '올림픽이 남북의 평화를 증진할 수 있다'는 스토리는 통하지 않는다고 했다. IOC 위원들에게는 식상한 말이었던 것이다. 그렇다면 그들이 듣고 싶은 새로운 메시지는 무엇일까? 이를 알아내기 위해 프레젠테이션 팀은 몇 개월 동안 연구를 하며 평창의 브랜드 지도를 그려 나갔다. 이들은 그 과정에서 계속 IOC 입장에서 질문을 던졌다. 최근 IOC는 올림픽 개최를 통해 새로운 유산을 만들어 내는 것을 중시한다. 그래서 초점이 '평창=새로운 아시아 시장 개척'으로 모아졌다. 이로써 '새로운 지평'이라는 스토리가 탄생했다. 이런 스토리를 기반으로 여덟 명의 프레젠터는 각각의 특성 있는 스토리를 가지고 프레젠테이션을 준비하였다.

첫 번째로 등장한 나승연 대변인은 감사의 인사를 시작으로 전체 프레젠테이션을 이끌었다. 네 번째로 등장한 김진선 특임대사는 기존 두 번의 실패를 통해 리조트, 호텔, 경기장, 고속열차 등을 보완하였고 약속했던 드림프로그램을 충실히 이행하고 있다고 설명했다.

다섯 번째로 등장한 김연아 선수는 본인의 감성적 이야기를 통해 완벽하게 분위기를 반전시켰다. 일곱 번째 프레젠터인 박용성 대한체육회장은 대한민국의 문화와 즐길 거리에 대한 발표를 빼놓지 않았다. 여덟 번째로 등장한 재미 교포 출신 전 스키 선수 토비 도슨은 감동적인 자신의 이야기를 통해 새로운 지평에 관한 공감대를 형성하였다. 그리고 평창의 메시지인 새로운 지평에 관한 구체화된 이야기를 언급했다.

여덟 명의 프레젠터는 각자 자신의 위치와 상황에 가장 적합한 이야기를 했고 이성과 감성적 측면을 적절하게 배분했다. 처음부터 끝까지 하나의 메시지를 가지고 팩트에 스토리를 입혀 프레젠테이션을 한 것이다. 결론적으로 우리나라는 2018년 동계올림픽 유치에 성공했다. 한 편의 드라마와 같은 프레젠테이션이 성공의 원동력이 되었다. 심사위원인 IOC 위원들의 마음을 사로잡은 것이다.

요약하면 평창이 내세운 비전인 '새로운 지평'에 대하여 김연아, 토비 도슨은 자신의 스토리를 통해 공감대를 불러일으켰고, 드림프로그램을 착실하게 수행하고 있다는 자료와 함께, 유럽과 북미 지역에 비해 유치 기회가 적었던 아시아의 통계 자료를 보여 주며 당위성을 확보하였다. '새로운 지평'이라는 핵심 메시지를 감성적인 스타일로 감싸고 팩트에 스토리를 입힌 접근이 결국 성공적인 프레젠테이션으로 이끌었다.

스토리는 매력이자 설득이다. 베스트 프레젠테이션에는 기억에 남는 스토리가 있다. 팩트만 이야기하는 것과 스토리를 담아서 이야기하는 것과는 청중을 움직이는 공감의 강도가 다르다. 팩트만을 이야기하는 것보다 단순하고 잘 짜인 스토리가 훨씬 더 강력한 효과를 발휘한다. 팩트보다 스토리가 더 중요하다. 베스트 프레젠테이션에서는 스토리를 입히는 데 모든 것을 걸어야 한다. 스펙도, 전문가도 못하는 일을 스토리가 한다. 청중의 마음을 움직이는 프레젠테이션이 되려면 그 안에 스토리를 담아야 한다.

스토리텔링은

기승전결起承轉結**의 이야기 흐름을 갖는 것이 좋다**

- 기는 이야기를 시작하는 것
- 승은 이야기를 발전시키는 것
- 전은 전환이고 역전반전시키는 것
- 결은 기승전의 단계를 거쳐 이야기의 갈등구조가 해소되고 결론에 도달하는 것으로 전개하는 것이다.

내용이 아니라 '의미'를 이야기하자

삼성SDS는 IT 서비스업을 하는 기업으로 직원들의 프레젠테이션 역량이 중요한 업종이다. 그래서 회사에서는 베스트 프레젠터 자격 제도를 운영하였고 개인 성과 평가 시 등급별로 가점을 부여했다. 당시 나는 자격 평가 심사위원으로 활동하면서 1,000명이 넘는 참가자들을 대상으로 심사 작업을 했다. 평가 배점은 Opening, 기획력, 제작력, 발표력, Closing의 비율로 정해졌다. 대부분의 참석자들이 많은 연습을 하기 때문에 각 평가 항목별 차이는 그리 크지 않았다. 나는 기획력 부분을 중점적으로 평가했는데, 특히 프레젠테이션에 제공하고자 하는 '의미', 다시 말해 '가치' 부분에 평가 비중을 두었다. 여기에 의미까지 이야기하는 사람은 높은 점수를 받고 자격증을 취득하는 것을 볼 수 있었다.

프레젠테이션에서는 내용도 중요하지만 어떤 '의미'와 '가치'를 제공하느냐가 중요한 포인트다. 『노는 만큼 성공한다』의 저자 김정운 문화심리학자는 "우리는 의미 있는 것들만 기억한다. 인간은 자신에게 의미 있다고 여겨지는 중요한 것들만 지각한다"라고 했다. 자신에게 의미가 없으면 기억하지 못한다는 것이다. 실제 프레젠테이션에 참석하는 청중은 수동적인 경우가 많다. 그래서 프레젠터가 '의미' 또는 '가치'가 될 만한 이야기를 하지 않는다면 청중은 프레젠테이션에 대해 별 관심을 갖지 않는다. 의미는 심장을 뛰게 만든다. 청중은 의미를 찾기 위해 프레젠테이션에 참석한다. 그러나 의미가 없으면 프레젠터에게 시선을 주지 않으며, 헛되이 시간을 낭비했다고 말한다.

『가치관 경영』의 저자인 전성철 대표는 "사람을 움직이게 만드는 것은 돈이 아니라 의미다"라고 이야기한다. 그는 "가치관 경영이란 직원들로 하여금 자신들이 하는 일이 어떤 의미를 갖는지 깨우치게 하고, 그 의미를 통해 그들을 이끌어 가는 경영 방식이다. 상사가 시켜서 마지못해 하는 것이 아닌, 직원들 스스로가 일하고 싶어 못 견디게 하는 분위기를 조성하는 것이 가치관 경영의 목적이다"라고 강조한다. 실제 사람들은 어떤 형식이나 내용에 의해 움직이는 것이 아니라 '의미'에 의해 움직인다. 베스트 프레젠테이션은 '의미', '가치'를 전달하는 내용이 기획되어야 한다.

'의미'가 담긴 프레젠테이션의 힘

삼성그룹 신입 사원 면접 때의 일이다. 면접시험은 프레젠테이션과 심층면접으로 진행이 된다. 지원자들은 면접 장소에 도착하면 한 시간 전에 프레젠테이션할 과제를 받게 된다. 그러면 그들은 그 과제를 분석해 과제가 요구하는 답을 발표해야 한다. 고도의 순발력과 문제 해결 능력이 필요한 작업이다.

지원자의 능력을 상중하로 분류해 보면 하급은 과제 자체를 제대로 이해하지 못하고 발표하는 그룹이다. 중급은 과제를 이해하고 나름 해결 방안을 제시하는 그룹이다. 상급은 과제 이해와 해결 방안을 제시하고 거기에 담겨 있는 '의미'와 '가치'를 발표하는 그룹이다. 대부분의 지원자가 중하그룹이다. 문제 자체가 대학생이 풀기에는 어려운 것이기 때문이다.

취업 면접 프레젠테이션에서 '의미'까지 이야기할 수 있다는 것은 면접에서 성공할 수 있다는 것을 의미한다. 소비자들이 제품을 구매할 때 가격도 보지만 그들은 그 제품이 제공하는 '가치'와 '의미'를 더 고려한다. 면접에 성공하고 싶은 청춘들이여, 프레젠테이션에 '의미'를 이야기하라. 프레젠테이션이 당신의 직장을 결정할 것이다. 지금은 프레젠테이션으로 차별화하는 시대다. '의미'가 담긴 프레젠테이션을 하라.

번트 슈미트 컬럼비아대학교 경영대학원 교수에 의하면 "소비자들은 어떤 브랜드를 사용함으로써 진정 행복감을 느끼는가 하는 문제에서,

제품이나 서비스가 소비자들을 행복하게 만들기 위해서는 기쁨, 의미, 관여 이 세 가지를 제공할 수 있어야 한다"고 이야기한다. 의미가 행복감을 느끼게 하는 요인이라는 것이다. 의미는 우리가 얻을 수 있는 가치, 기대 효과, 이익 등 도움이 되는 것들이다. 이러한 의미를 프레젠테이션에 녹여야 한다.

조광수 연세대학교 교수는 '1만 원 퀵 서비스가 250원 우체국을 이기는 이유?'라는 칼럼에서 '의미'의 중요성을 이야기하고 있다.

"우리는 비즈니스를 할 때 가격을 갖고 싸운다. 그런데 정작 소비자에게는 가격이 꼭 중요하지 않을 때가 있다. 사용자의 경험이 갖는 묘미가 여기에 있다. 기업의 전략에서 가격의 중요성은 간과할 수 없고, 소비자 구매에 지대한 영향을 미친다. 그러나 정작 소비자가 판단하는 가격의 의미가 제품과 서비스의 사용 경험에 따라 지불하는 가치라는 점을 쉽게 간과한다. 소비자는 가격이 아니라 만족에 민감, 결국 기업 이윤은 비용과 가격 사이에서 결정되는데, 이윤을 높이려면 비용을 낮추거나 소비자 만족도를 높여서 두 지점 간 거리를 벌려야 한다. 우리 산업계는 지금까지 비용을 낮추는 데만 골몰했지, 만족을 높이는 데는 상대적으로 소홀했다. 소비자 만족을 높이는 사업 전략이나 상품 기획은 우리 기업들의 놀라운 성장세에 비하면 아까운 수준에 머물고 있다."

마흔 배나 비싼 가격을 지불한 것은 편익이라는 의미를 샀기 때문이다.

청중은 가치에 목말라 있다

한번은 일반 직원을 대상으로 품질 관리 부서장이 글로벌 기업들의 품질 관리 사례를 벤치마킹하여 프레젠테이션을 한 일이 있었다. 물론 그 품질 관리 부서장은 품질 관리 업무를 20년 넘게 해온 전문가였다. 많은 프로젝트에 참여해 품질 관리 업무도 수행했고, 품질 기획 업무뿐만 아니라 전문지에 칼럼도 게재하는 전문가였다. 품질 관련 자격증도 있었고 대학원에서 관련 주제로 논문도 썼다.

그런데 그의 프레젠테이션은 너무도 실망스러웠다. 한 슬라이드에 너무 많은 내용이 담겨 있고 핵심 메시지가 드러나지도 않았다. 단지 벤치마킹한 내용을 읽기에 바빴다. 30여 분을 발표하는데 기억에 남는 말이 하나도 없었다. 그는 슬라이드에 있는 내용만 설명했다. 이는 인터넷 포털 검색으로도 찾을 수 있는 이야기들이었다. 전문가의 이미지가 사라지는 순간이었다.

사실 이런 경우는 우리 주위에서 흔히 볼 수 있다. 아니 대부분이 내용 전달하기에 바쁘다. 베스트 프레젠테이션은 내용만 전달하는 것이 아니다. 이야기만 잘하는 것이 아니다. 의미를 전달할 수 있는 콘텐츠가 필요하다.

『경영, 비공식조직에 주목하라』의 저자 존 카젠바흐는 비공식 조직이 부리는 마술에서 자부심을 강조하고 있다. 자부심이란 "사람들은 자신에게 의미 있는 목적을 이루기 위해 특별한 역량을 사용할 때 자부심을 느낀다"라고 이야기하고 있다. 조직을 제대로 운영하기 위해 직원들에게 '의미'가 중요함을 강조하는 말이다.

　『경영이란 무엇인가』의 저자 조안 마그레타 박사는 "비즈니스 모델이란 회사의 조직이 고객과 모든 이해관계자들을 위하여 어떻게 가치를 창출하고 어떻게 성과를 낼 수 있을지 그 방법을 담은 가정들을 모아 놓은 것이다"라고 하며 '가치'를 강조하고 있다. 이처럼 기업조직이든 개인이든 의미를 부여하는 것이 중요함을 이야기하고 있다.

　청중은 가치에 목말라 있다. 청중은 의미에 목말라 있다. 프레젠테이션에서 의미를 전달하지 못한다면 청중은 당신을 기억하지 못할 것이다. 프레젠테이션은 내용을 넘어 의미를 전달해야 한다. 뻔한 내용은 이미 청중도 알고 있다. 인터넷과 스마트폰의 발달로 수많은 정보를 신속하게 접근할 수 있다. 언제든지 필요한 지식은 검색할 수 있는 시대다. 그러나 '의미'나 '가치'는 검색할 수 없다. 프레젠테이션의 성공 여부는 '의미'를 제공하느냐에 달려 있다.

펀(Fun)한 것이 전문성을 이긴다

요즘은 펀Fun한 것이 대세인 세상이다. 모든 분야에서 펀한 것을 이야기하고 있다. 뻔한 것이란 기존의 방식으로 하는 것이다. 펀한 것은 기존방식에 재미를 더하는 것이다. 인터넷과 SNS가 급속히 전파되면서 사회적 가치가 변하고 있다. 수천 년간 인간을 지배했던 '생존'과 '번식'이라는 가치에서 오늘날에는 '재미'라는 새로운 가치로 변화하고 있다.

국어학자들의 연구에 의하면 1990년대가 지나면서 재미라는 단어와 펀이라는 용어가 자주 등장했다고 한다. 오랜만에 친구들을 만나면 '재미있냐, 재미있게 사냐, 무슨 재미난 일 없냐'가 첫마디 인사다. 직장인도 가정주부도 학생들도 마찬가지다. 우리나라 사람들은 재미를 중요하게 생각한다. 재미는 무엇일까. 재미는 삶에서 느끼는 즐거움이다. 즐거운 삶이 바로 재미있는 삶이라고 할 수 있다. 재미가 있으면 얼어지는 것이 기쁨이다. 몸에서 기Energy가 뿜어져 나오는 것이 기쁨이다.

프레젠테이션도 마찬가지다. 재미난 이야기로 프레젠테이션 해야 청중을 집중시킬 수 있다. 청중들의 집중 시간은 5분 정도라고 한다. 프레젠터는 5분에 한 번씩 웃도록 재미를 가미해야 한다. 재미가 있어야 듣고 싶어진다. 재미는 전문성을 이긴다.

지금은 기업에서 제품을 만들 때도 어떤 기능을 넣으면 고객들이 '얼마나 편리할까'에서 '얼마나 재미있을까'라는 재미관점에서 접근하고 있다. 예를 들면 스마트폰에 카메라 기능을 달면 '고객들이 편리할까'에서 '얼마나 재미있을까'를 고민하고 있다.

청중들은 어떤 경우에 프레젠테이션에서 재미를 느끼는가. 문화심리학자 김정운 교수는 "사람들은 새로운 것을 배울 때 재미를 느낀다"고 했다. 노래의 구조를 분석하는 새로운 방법을 배울 때, 어려운 그림을 그리는 묘한 방법을 배울 때, 새로운 언어를 배울 때 엄청난 재미를 느낀다고 한다.

프레젠테이션에서 재미를 주기 위해서는 어떤 새로운 배움을 주어야 한다. 배움을 많이 줄수록 재미가 커진다. 청중이 프레젠테이션을 들으며 무언가 새로운 것을 배운다는 느낌이 올 때 재미가 찾아온다. 프레젠테이션 내용의 70% 이상은 재미있는 스토리텔링으로 이끌어가야 한다. 중간 중간에 자신의 전문성이 가미된 새로운 배움을 끼워 넣고 스토리텔링으로 연결해야 청중을 붙잡아 둘 수 있다.

뻔함과 편함은 한 끗 차이다. 비슷한 이유로 앞이 예상되는 뻔한 이야기는 청중들의 지루함을 유발한다. 뻔한 이야기는 금방 관심에서 멀어진다. 편한 이야기를 해야 관심을 받을 수 있다. 같은 표현이라도 재미나게 해야 한다.

정규직 전환율이 높은 말 그대로 금처럼 소중한 인턴을 '금턴'이라고 하거나 남녀가 만나서 잘 되어간다 대신 '썸 탄다'고 하면 뭔가 다르게 들린다. 교과서 같은 딱딱한 말보다 최신 유행하는 유머나 해당 분야에서 사용되는 은어 등이 오래 기억된다. 뻔한 이야기보다 편한 이야기를 하기 위해서는 자신이 하는 말에 스스로 배움과 재미가 있어야 한다.

의미를 이야기하는 방법

- 청중이 듣고 싶은 것이 무엇인지 파악하라
- 청중이 원하는 가치를 정의하라
- 청중에게 변화되는 to-be 이미지편익, 이익, 기대치, 효과 등를 이야기하라

원전 5 · 6 호기 건설 재개 '주인공'은

국가나 기업을 경영하다 보면 첨예한 이슈에 대한 갈등을 조정하고 의사결정을 내려야 할 때가 많다. 어떤 사안은 찬반이 팽팽하게 맞서 합의점을 찾지 못하기도 한다. 이런 상황에서 프레젠테이션은 양측의 주장을 듣는 수단으로 중요한 역할을 하게 된다.

최근 이슈 가운데 신고리 원전 5 · 6호기 건설의 중단과 재개를 놓고 첨예하게 대립한 것이 대표적인 사례라고 할 수 있다. 원전개발 반대측은 위험성과 탈원전의 당위성을 강조한 반면, 찬성측은 나름의 건설공사 재개 논리를 폈다.

정부는 이 같은 갈등을 해결하기 위해 신고리 원전 5 · 6호기 공론화위원회를 가동했다. 471명의 시민참여단이 찬반 전문가의 프레젠테이선을 듣고 토론을 통해 결론을 도출하는 과정을 거쳤다. 3개월에 걸친 치열한 공방이 이어졌다.

3차례 조사에 이어진 종합토론회 직전까지만 해도 건설 재개에 대한 판단을 유보한 시민참여단이 24.6%에 달했다. 그러나 토론회가 진행된 후 판단 유보층이 3.3%로 줄었다. 최종 결론은 '건설 재개'가 59%를 차지했다. 유보층을 줄이고 중대한 결론을 도출한 데는 시민참여단을 설득한 프레젠테이션의 힘이 컸다. 프레젠테이션 전략의 승리라고 볼 수 있다. 일상을 사는 시민을 상식의 언어로 설득, 마음을 움직이게 하는 것이 생각보다 어려웠다는 후문이다.

건설 재개 찬성측은 "이건 아니다"라는 탄식이 나왔다. "장외로 나가자"는 험한 말도 나왔지만, 아무리 힘들어도 전문가의 품위와 자존심을 지키며 진실로 호소했다고 한다. 찬성측 마지막 발표자로 신고리 5·6호기를 누구보다 잘 아는 한국수력원자력 장현승 팀장이 나섰다. 그는 다른 발표자와 달리 '평범한 40대 직장인'이라고 자신을 소개하며 한국 원전의 우수성에 대한 진정성을 담아 이야기를 풀어 갔다. 장 팀장은 "체코의 원전특사가 한국을 방문했다"고 소개한 뒤 "한국의 원전이 안전하지 않다면 영국·체코와 같은 국가에서 어떻게 관심을 갖겠느냐"고 반문했다. 아랍에미리트의 한국형 원전 공사현장 사진을 보여 준 그는 "사막의 열악한 환경에서 공사기간을 지키며 원전을 건설할 수 있는 나라는 한국밖에 없다"며 "우리의 형제 자매와 자녀들이 미래 체코·영국 등에서 일할 수 있는 기회를 지켜달라"고 호소했다.

그는 수십 년간 세계 최고의 수준의 기술을 축적하고 발전시켜 온 한국의 원전기술을 솔직 담백하게 프레젠테이션에 담아냈다. '우리나라 경제 발전에 기여할 수 있다'는 진정성 있는 이야기가 판정을 유보했던 시민참여단의 마음을 움직이게 한 것이다.

잘 준비된 프레젠테이션은 청중의 마음을 움직이게 한다. 첨예하게 대립하는 상황에서의 프레젠테이션 전략은 감정보다는 이성적으로 접근해야 한다. 전문가 집단일수록 감정이 아닌 이성으로 말해야 한다.

원전건설 반대측이 '원전의 위험성'이라는 감정을 앞세울 때 찬성측은 논리와 데이터로 설득했다고 한다. 생각의 차이와 향후 영향이 클수록 프레젠테이션은 감정이 아닌 이성으로 호소해야 한다.

인문力을 활용하라

- 인문力은 "인문학을 버무리는 능력"

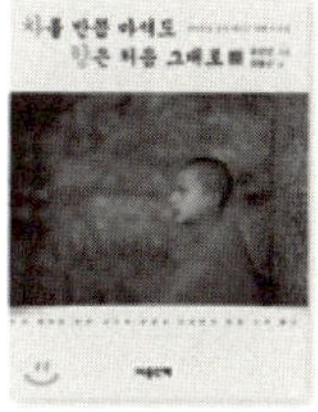

청중의 공감을 불러오기 위해서는 인문학을 접목하는 능력이 필요하다.

자신의 진솔한 이야기를 담자

- 설득하기 위해서는 '공감'이 필요함
- 청중은 프레젠터의 솔직한 이야기에 공감함

▷ 김창옥 휴먼컴퍼니 대표

"출신지역, 부모님 결혼생활,
아버지 중이염, 전라도 사투리"

자신의 솔직한 이야기에 청중은 프레젠터에게 귀를 기울인다.

듣고 싶은 이야기를 해라

- 청중은 듣고 싶은 이야기에 반응한다.
  ① 청중은 내가 이야기할 주제에 대해 관심을 가질 것이다.(X)
  ② 청중은 내 이야기에 귀를 기울일 것이다.(X)
  ③ 청중은 슬라이드를 보면 이해할 것이다.(X)

청중은 듣고 싶은 이야기에 반응을 한다.

가슴 뛰는 이야기를 해라

- 익숙한 말보다는 가슴 뛰는 말을 해라

익숙한 말보다는 가슴 뛰는 말을 해야 한다.

팩트에 스토리를 입혀라

- 스펙도, 전문가도 못하는 일을 스토리가 한다.
  ① 팩트는 20% 스토리는 80%
  ② 톡톡한 시각, 드라마틱한 질문, 감성적인 콘텐츠

  ▷ 성공하는 사람들이란?
    - 성공의 정의
    - 성공한 사람들의 특징
    - 성공의 조건
    - 90%는 실패를 경험…

단순 팩트의 나열보다 스토리텔링이 효과적이다.

내용을 넘어 의미를 말하라

- 청중은 의미 있는 것만 기억한다.
  ① 청중이 듣고 싶은 것이 무엇인지 파악하라
  ② 청중이 원하는 가치를 정의하라
  ③ 청중에게 변화되는 to-be 이미지(편익, 이익, 기대치, 효과)를 이야기하라

3 One (People, Culture, System)

신입사원 면접시 "의미"

청중은 의미 있는 것만 기억한다.

주목받는 프레젠테이션 7가지 법칙

PART 3

가슴에 남는 한 줄 메시지 만들기

콘셉트는 철학적 의미가 담긴 어려운 개념이지만 어느 시점부터 광고, 기획, 상품·서비스 등에 도입되어 기업체 및 정부 기관 등에서 활용되고 있다. 그 활용 분야는 점점 더 확대되고 있다. 콘셉트, 즉 'concept'의 어원은 together를 의미하는 'con'과 take를 의미하는 'cept'가 합쳐진 단어다. 즉 '공감'과 '공유'의 뜻을 포함하고 있고, 불특정 다수의 사람들이 어떤 대상에 대해 쉽게 공감하고 공유하도록 하는 것이다. 단순한 현장 수준의 전략이 아니라 철학과 신념에서 출발하는 사고 체계다. 새로운 것의 특징을 표현하는 말이나 이미지다.

콘셉트는 소비자의 충족되지 않은 니즈를 특정 제품이 해결해 줄 수 있는 약속이며, 그 니즈를 그 제품이 만족시켜 줄 수 있는 이유다. 또한 그 제품에 대한 소비자의 인식에 영향을 줄 수 있는 모든 요소를 설명하고 묘사해 놓은 것이다. 성공하는 기업 또는 제품은 콘셉트가 명확한 시나리오를 가지고 있다. 콘셉트에는 진심이 담겨 있고, 본질이 압축되어 있으며, 명백한 차별적 우위성을 갖는다.

소비자들이 제품·서비스를 선호하는 이유는 그것의 특성이라기보다 콘셉트 때문이다. 장기적으로 변함없이 사랑받는 제품에는 분명한 콘셉트가 있다. 이제 콘셉트경영은 광고뿐만 아니라 상품 기획, 서비스 기획 등 많은 분야에서 필요한 요소로 작용하고 있다. 프레젠테이션도 마찬가지다. 프레젠테이션 콘셉트가 잘 만들어져 있으면 성공하는 발표를 할 수 있다. 청중을 쉽게 공감시키고 마음을 움직여 설득할 수 있다. 프레젠터가 원하는 바를 달성할 수 있다.

콘셉트는 이래서 필요하다

미국 할리우드의 거물급 제작자 대릴 재넉은 "한 줄로 표현할 수 없는 영화는 히트할 수 없다"라는 말을 했다. 여기서 '한 줄로 표현하는 것'이 바로 콘셉트다. 성공한 영화들은 대부분 콘셉트가 명확했다. 성공하는 프레젠터는 청중의 기억 속에 '한 줄'을 심어 놓는다. 여기서 '한 줄'이 바로 콘셉트다. 이 콘셉트를 잘 만들고 프레젠테이션 후에 청중의 머릿속에, 가슴속에 남길 수 있다면 그는 성공한 프레젠터다.

콘셉트 사고는 새로운 가치와 공감을 창출한다. 분명한 콘셉트는 청중을 매혹시킨다. 청중을 움직이는 것은 프레젠테이션이 아니라 콘셉트다. 콘셉트는 프레젠테이션과 프레젠터의 운명을 좌우한다. 콘셉트가 살아 있는 프레젠테이션을 해야 한다. 콘셉트 사고가 없으면 프레젠테이션은 금세 잊혀진다. 성공하는 프레젠터들의 전략은 명료하다. 프레젠테이션 시나리오가 곧 콘셉트 시나리오다. 또한 발표 주제는 콘셉트 그 자체다.

성공 프레젠테이션의 특징은 콘셉트가 명확한 시나리오를 가지고 있다. 발표에 진실이 담겨 있으며, 본질이 압축되어 있다. 명백한 차별적 우위성이 있다. 1등의 프레젠터와 그렇지 않은 프레젠터의 차이는 스토리가 있느냐 없느냐의 차이다. 콘셉트는 스토리다. 성공하는 프레젠테이션을 위해서는 스토리 기반의 콘셉트를 만들어야 한다.

그렇다면 프레젠테이션을 위한 콘셉트는 어떻게 만들어야 할까? 쉬운 일은 아니다. 좋은 콘셉트를 찾기 위해 며칠 몇 달을 여러 전문가들이 모여 토론하고 정의하기도 한다. 만약 건설사에서 큰 공사를 수주하기 위한 제안을 준비한다면 더 고민이 많을 것이다.

> **프레젠테이션에서 콘셉트의 속성**
> - 콘셉트는 프레젠테이션의 차별화에 기여한다.
> - 콘셉트는 프레젠테이션의 목표 설정이고, 그 목표를 달성하기 위한 계획이며, 청중을 움직이게 하는 강력한 무엇이다.
> - 콘셉트는 프레젠테이션 전략의 핵심이다.
> - 콘셉트는 청중의 공감을 이끌어 내고, 마음을 움직이게 한다.

이 책에서는 수단-목적 사슬 모형에 기반을 둔 콘셉트 도출 방법을 제시하고자 한다. 수단-목적 사슬 모형이란 경영학의 한 과목인 소비자 행동론에 나오는 개념이다. 소비자가 자신이 중요하다고 생각하는 것에 입각하여 제품과 상품 속성을 지각하는 경향을 뜻한다. 결국 제품과 서비스에 존재하는 속성과 그 속성에 의해 소비자들에게 제공되는 결과 및 혜택을 가져온다. 이런 한 연결이 소비자의 만족과 관련된 개인적 가치 사이의 선형적인 연결 관계에 초점을 맞춘다. 소비자의 상품 지식에 대한 추상화 단계를 이론적으로 개념화하는 모델이다.

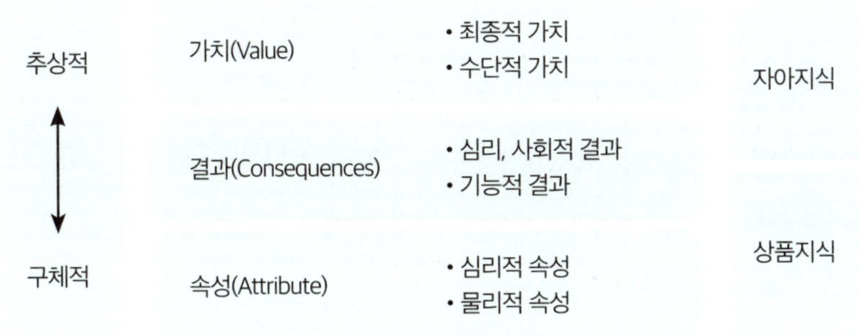

수단-목적 사슬 모델

콘셉트화의 단계는 위 그림에서처럼 제품이나 서비스 그 자체의 속성, 제품 이용과 서비스 소비를 통한 결과, 소비자 가치 단계로 나눈다. 가장 낮은 단계의 속성 중 물리적 속성은 크기나 색깔과 같이 명확하게 확인할 수 있는 것이다. 이에 반해 심리적 속성은 상품의 스타일이나 질과 같이 물리적 특성과 거리가 먼 것들이다.

이보다 좀 더 추상적인 것이 결과인데, 이는 다시 기능적 결과와 사회·심리적 결과로 구분된다. 먼저 기능적 결과는 상품을 사용함으로써 드러나는 외연적 결과로 체중 감량, 절약, 편리함 등을 들 수 있으며, 사회·심리적 결과는 상품 사용을 통해 얻게 되는 만족감, 소속감, 좋은 느낌 등이 해당된다.

마지막으로 가장 높은 추상성이 갖는 가치는 소비자가 상품을 사용함으로써 스스로 얻게 되는 것으로, 수단적 가치는 내가 타인에게 어떻게 보일 것인가와 관련된 것으로 외재적 성격을 띠며, 최종적 가치는 스스로 자신을 어떻게 보느냐와 관계된 것으로 내재적 성격을 포함하고 있다.

속성, 결과, 가치는 독립적으로 존재하는 것이 아니라 상호연관 관계에 있으며, 속성 그리고 결과, 다시 결과에서 가치의 수준으로 연결된다. 프레젠테이션 콘셉트 작업도 마찬가지다. '가치'에 기반한 콘셉트 작업을 해야 파괴력이 있다.

중국 광동성 포산 시에 있는 가전업체인 메이디와 비즈니스를 할 때였다. 메이디는 냉장고, 세탁기, 에어컨 등 주로 백색 가전을 생산하는 업체로 중국에서는 하이얼과 쌍벽을 이루는 회사다. 메이디는 글로벌 업체로 도약하기 위해 경영 혁신을 추진 중이었다. 이를 위해 삼성SDS에 혁신을 위한 제안을 요청해 왔다.

"메이디는 삼성의 규모에 한참 못 미치고 있다. 메이디는 삼성이 추구하는 가치와는 차이가 있으나 삼성의 발전 역사를 각 단계별로 그 배경과 함께 알고 싶고, 프로세스·IT에 대한 투자와 그 투자 배경도 궁금해 했다. 메이디가 삼성을 통해 배우고자 하는 것은 삼성이 걸어 온 길에서 우리가 참고할 '가치'는 무엇인가 하는 것이다."

이것이 중국 메이디의 관심 사항이었다. 그들이 요구한 것은 '가치'였다. 우리는 이에 대한 대응을 위해 프레젠테이션을 준비하며 어떤 콘셉트로 가야 할지 많은 고민을 했다. 삼성은 이미 국내외 본사와 법인, 전사와 사업부, 본사와 지사의 일하는 방식, 관리 View, 평가, 피드백이 동일하게 통합되어 있었다. 그 결과 글로벌 1위 기업이 될 수 있었다. 그 가치이자 콘셉트가 'Single View & Single Operation 일방향 경영'이었다. 우리는 이 콘셉트를 기반으로 프레젠테이션을 준비했고, 결과는 성공적이었다.

또 하나의 콘셉트를 찾는 방법은 콘셉트의 영감을 각종 소스에서 찾는 것이다. 여기서 소스란 신문 기사들의 제목, 광고 문구, 책 제목이나 목차 그리고 인터넷서점에 들어가면 각 책에 대한 출판사에서 써놓은 서평들이 될 수 있다. 또한 책을 읽다가 마음에 꽂히는 문구들에서도 콘셉트를 도출할 수 있다.

당신의 프레젠테이션에는 청중의 가슴에 남는 한 줄 메시지의 콘셉트가 있는가? 프레젠테이션의 성공 여부는 여기에 달려 있다. 이 콘셉트가 청중의 마음을 움직이고 행동하게 만든다. 콘셉트는 한마디로 '가슴에 남는 한 줄 메시지 만들기'다. 서론-본론-결론에서 계속적으로 반복하여 새처럼 재잘거리는 것이 바로 콘셉트다.

청중의 마음속 들여다보기

설득력 있고 성공적인 프레젠테이션을 하기 위해서는 목적, 청중, 환경, 프레젠터 그리고 경쟁자 등 '5P 분석'이 필요하다. 이 다섯 가지 요소가 사전에 얼마나 준비되었느냐에 따라 프레젠테이션의 성공 여부가 결정된다. 아무리 경험이 풍부하고 프레젠테이션 역량이 뛰어난 사람도 사전에 철저한 준비를 하지 않으면 성공한 프레젠테이션을 만들 수가 없다. 나는 주위에서 준비 부족으로 낭패를 본 경우를 많이 보았다. 프레젠테이션 경험이 적거나 역량이 부족해도 5P 기반의 철저한 준비를 한다면 프레젠테이션을 성공으로 이끌 수 있다.

목적(purpose)을 분석하라

목적 분석은 프레젠테이션의 모든 단계에 대한 기본 방향을 제시하고 오류를 수정해 주는 등대와 같은 역할을 한다. 프레젠테이션에서 가장 먼저 실시되어야 하며 정확하게 설정되어야 한다. 프레젠테이션을 수행하는 일은 규모에 따라 한 편의 드라마를 제작하는 것과 같을 수 있다. 프레젠테이션을 위해 여러 명이 팀이 되어 준비를 하는데, 만약 목적 분석이 불명확하면 품질뿐만 아니라 많은 시행착오를 겪게 된다. 원하는 것을 얻지 못하는 결과를 초래할 수 있다.

목적 분석은 프레젠테이션의 목적이 무엇인지 정확하게 파악하는 행위다. 즉 ①프레젠테이션을 왜 하는지 ②참석자들은 무엇을 기대하고 있는지 ③프레젠터는 참석자로부터 무엇을 얻을 것인지를 정의하는 것이 핵심이다. 또한 프레젠테이션의 목적을 파악하는 것이 중요하다. 프레젠테이션의 유형으로는 ①정보제공 ②설득 ③동기부여 ④오락성 등이 있다. 이런 유형에 따라 프레젠테이션의 접근 방식이 달라지며 발표 자료의 구성과 발표 방식이 달라진다. 목표는 구체적이어야 하고, 측정 가능해야 하며, 달성 가능하게 정의하는 것이 중요하다.

청중(people)을 분석하라

아무리 경험이 많은 프레젠터라도 프레젠테이션에 참석하는 청중에 대한 정보가 없으면 성공적인 프레젠테이션을 할 수 없다. 프레젠테이션 전에 참석자의 특성을 파악하는 일은 중요한 단계 중 하나다.

청중 분석은 프레젠테이션의 대상인 참석자, 즉 누구를 대상으로 프레젠테이션을 하는가를 분석하는 것이다. 프레젠테이션을 준비하기 전 ①참석자는 누구인가 ②왜 모였나 ③참석자들은 프레젠터에게 무엇을 찾고 있는가를 정의하는 것이 참석자 분석의 핵심이다. 또한 참석자의 유형을 파악하는 것도 필요하다. 유형으로는 ①제안자 ②영향자 ③결정자 ④실행자 ⑤사용자 등이 있다. 프레젠테이션 전략을 수립할 때는 이런 참석자의 유형에 따라 요구 사항을 파악하는 것이 중요하다.

청중의 종류별로 그들이 가지고 있는 지식수준 및 핵심인물 등을 분석한다. 참석자 종류별로 소속부서, 직위, 역할, 핵심인물, 의사결정·영향력의 정도를 파악해야 한다. 청중이 이번 프레젠테이션에 대해서 호의적인지 비호의적인지 알고, 참여 동기도 자발적인지 강제적인지 미리 알아두어야 한다. 새로운 정보를 얻으려고 하는지, 아니면 프레젠터 의견의 청취를 목적으로 하는지 파악한다.

환경(place)을 분석하라

프레젠테이션을 준비할 때는 환경에 대한 분석이 중요하다. 공간에 따라서 또는 발표 시간에 따라서 프레젠테이션 전략이 달라질 수 있기 때문이다. 아무리 목적 분석과 청중 분석을 잘하여 PT를 준비했다고 해도 발표 환경에 익숙하지 않거나 제공된 장비 등의 미비로 프레젠테이션을 망치는 경우가 종종 발생한다. 잘 준비된 PT 자료가 빔 프로젝트나 노트북과 맞지 않아 쓸 수 없는 경우, 발표 장소 위치를 잘못 찾아 시간 약속을 어기는 경우도 발생한다. 평소 익숙한 장소일 때는 발표 시 안정감을 가질 수 있지만 낯선 장소의 경우 아무리 베테랑 프레젠터라도 긴장하기 마련이다. 낯선 장소일수록 발표에 대한 두려움이 더 크다.

환경 분석은 시간 분석과 공간 분석으로 나뉜다. 시간 분석에서 시간은 정시에 시작하고 정시에 끝내는 것이 원칙이다. 프레젠터나 청중 또는 프레젠테이션을 준비하는 사람들 모두 각자의 일정이 있기 때문이다. 시간을 준수하지 않으면 다른 사람의 일정에 피해를 줄 수 있다. 너무 일찍 끝내거나 시간을 초과할 경우 프레젠터의 신뢰도뿐만 아니라 임팩트가 떨어져 성공적인 프레젠테이션이라 할 수 없다. 시간 분석에서는 ①나에게 주어진 시간은 얼마인지 ②나의 발표순서는 언제인지 ③질의응답 시간이 포함되어 있는지 등을 확인해야 한다.

공간 분석은 실시 위치, 발표장, 장비 등 세 가지 영역에서 분석되어야 한다. 실시 위치는 장소, 명칭, 소재지, 교통 상황, 날씨, 담당자 전화번호, 담당자, 이동 소요 시간, 이동 방법을 포함한다. 발표장은 크기, 형태, 조명, 창문, 출입문 위치, 테이블 모양, 배치도 등을 포함한다. 장비는 노트북, 빔 프로젝터, 스크린, 포인터, 인터넷, 화이트보드, 연단, OHP, 마이크, 스피커, 비디오 등을 포함한다.

프레젠터(presenter)를 분석하라

프레젠터 분석은 프레젠테이션을 수행하는 프레젠터 자신의 지식 이해 정도, 프레젠테이션 스킬, 강·약점 등을 분석하는 활동이다. 프레젠터는 발표 내용에 대한 지식이 높을 수도 있고 그렇지 않을 수도 있다. 또한 발표 스킬이 뛰어날 수도 있고 그렇지 않을 수도 있다. 지식 수준이 높고 발표 스킬도 뛰어나면 좋겠지만 현실적으로는 두 가지를 모두 만족시키는 경우는 없다. 프레젠터의 장·단점을 파악하여 전략을 수립하고 연습을 충분히 한다면 누구나 성공적인 프레젠테이션을 할 수 있을 것이다.

경쟁자(other presenter)를 분석하라

제안, 면접, 경진 대회 등 경쟁이 있는 경우는 같은 주제를 놓고 여러 참가자들이 발표를 하는 경우가 많다. 참석자들을 설득하고 원하는 목표를 이루기 위해서는 경쟁자보다 더 전략적인 발표를 해야 한다. 중요한 것은 경쟁자를 제대로 분석하는 것이다. 주요 분석 요인인 경쟁자의 인지도, 내용에 대한 지식 정도, 발표 스킬 등을 파악하여 장·단점을 분석해야 한다.

『손자병법』에 '적을 알고 나를 알면 백전백승한다'고 했다. 프레젠테이션 전략을 수립하기 위해서는 5P를 제대로 분석해야 한다. 5P 분석의 기본은 청중의 마음을 읽는 것이다. 프레젠터는 자신이 가지고 있는 생각과 개념을 오감을 통해 분석하고 설명할 수 있는 전략가가 되어야 한다. 프레젠테이션하고 싶은 대상에 끝없이 질문을 던져서 분석해야 한다. 그래야 제대로 전략을 세울 수 있다.

청중의 마음을 훔치는 것이 프레젠테이션이다. 프레젠테이션은 자신이 하고 싶은 이야기가 아닌 청중이 듣고 싶은 이야기를 대신 하는 것이다. 청중이 말할 수 없는 것을 말하는 것이 바로 베스트 프레젠테이션이다.

스토리를 찾아내는 생각 정리하기

프레젠테이션의 본질은 청중을 프레젠터가 의도하는 대로 설득하는 데 있다. 성공적인 발표를 위해서는 어떤 접근으로 설득 전략을 세우냐가 기본이다. 앞장에서 분석한 5P에 따르면 참석자들의 핵심 인물, 지식수준, 참석 동기·태도 그리고 요구도 각양각색이다. 스토리를 찾아내는 생각 정리하기를 위해 고려해야 할 여섯 가지 단계는 다음과 같다.

단계 1. 설득의 방법 결정

프레젠테이션은 참석자의 마음을 움직여 설득을 이끌어 내는 데 있다. 흔히 사람들은 설득을 위한 방법으로 논리적 접근을 하면 효과가 있을 것이라 생각한다. 과연 그럴까? 프레젠테이션을 기획할 때는 이성적으로 접근할지 감성적으로 접근할지, 어떤 방법이 효과적일지 전략적으로 판단을 해야 한다.

프레젠테이션으로 사람의 행동 변화를 이끌어 내기 위해서 이성과 감성, 어떤 접근이 더 효과적일까? 사람은 "95퍼센트의 이성으로 판단하고 5퍼센트의 감성으로 결정한다"는 말이 있다. 우리가 실생활에서 옷을 하나 구매하려 해도 이성적 판단과 감성적 행동의 작용으로 결정하는 경우가 많다. 여러 매장을 돌아보며 옷의 유행, 재질, 가격, 품질, 할인율 등을 비교 분석하고 고민한다. 하지만 대개는 종업원의 서비스가 좋거나 그 당시 좋은 분위기, 느낌에 의해 옷을 구매하는 경우가 많다.

설득력 있는 프레젠테이션도 마찬가지다. 프레젠테이션의 목적에 따라 다소 다르겠지만 이성적으로만 발표한다면 발표가 딱딱해서 참석자의 마음을 움직이는 데 어려울 수 있다. 참석자들의 마음을 움직이는 프레젠테이션이라면 이성은 기본이고 감성을 자극하는 모습이 필요하다. 특히 목적이 설득이나 동기부여인 발표는 이성적 요소 비율을 높이고 감성적 요소 비율을 낮게 가져가는 것이 좋다.

단계 2. 스토리 전개 방식의 결정

다음은 스토리의 전개 방식의 결정이다. 결론을 먼저 이야기하고 본론을 이끌어 가는 귀납적 방식과, 본론을 이야기하고 나중에 결론을 내는 연역적 방식이 있다. 참석자를 설득하는 데 어떤 전개 방식이 효과적인지는 상황에 따라 다르다.

귀납법은 범인을 먼저 잡아 놓고 그가 왜 범인인지 입증할 수 있는 증거를 제시하는 방식, 즉 결론이 앞에 오는 방식이다.

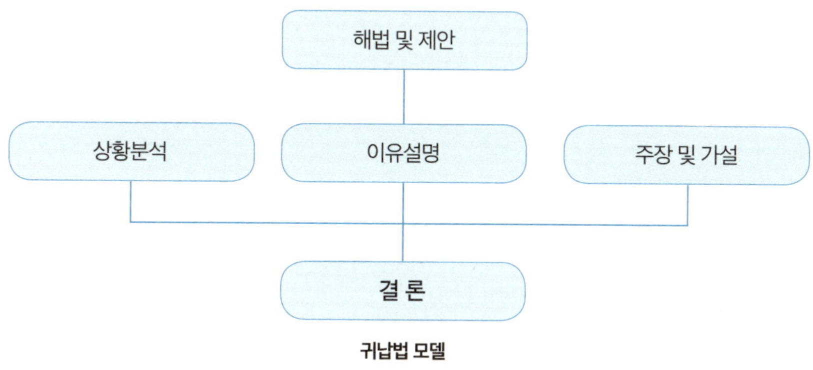

귀납법 모델

> **귀납법의 예**
>
> 그 사람은 좋은 사람이다.
>
> (왜냐하면) 열린 소통을 하는 사람이다.
>
> (왜냐하면) 타인에 대한 배려심이 좋다
>
> (왜냐하면) 성실하며 책임감이 강하다.

연역법은 추리 소설에서 어떤 단서를 계속 이야기하다가 끝에서 범인을 찾아내는 방식으로, 결론이 뒤에 나온다.

연역법의 전개는 꼬리에 꼬리를 무는 형식으로, 듣는 입장에서 생각

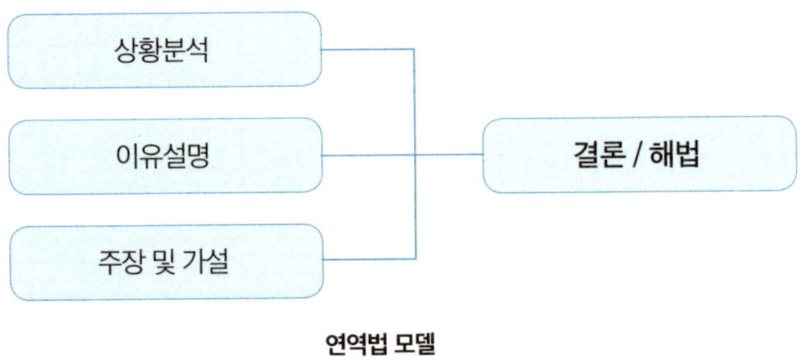

연역법 모델

> ### 연역법의 예
>
> 그 사람은 좋은 사람이다.
>
> 모든 인간은 행복을 추구한다.
>
> '소크라테스'는 인간이다.
>
> 그러므로 '소크라테스'는 행복을 추구한다.

을 많이 해야 하므로 지루하게 느껴질 수 있다. 문학이 아닌 실용문에서는 논리정연하게 이야기를 펼치기가 어려운 게 단점이다. 논리적으로 누군가를 설득하기 위해서는 연역법보다는 귀납법을 사용하는 것이 좋다.

일반적인 논리 구성은 서론 - 본론 - 결론 또는 기승전결의 형태다. 홍보 회사 미디컴의 이재건 AE는 "중요한 내용이 먼저 나오는 두괄식 방법으로 전개해야 프레젠테이션의 효과가 높다"고 말한다. 프레젠테이션의 가장 효과적인 논리 구성 방식은 결론 - 본론 - 통합적 결론의 형태다. 말하고자 하는 핵심 또는 결론을 먼저 제시하고, 이를 해결할 수 있는 구체적인 방안을 본론에서 이야기한 후 결론에서 재정의해서 반복하는 방식이다.

단계 3. 프레젠테이션 유형별 대응 전략

프레젠테이션 유형에 따라 발표 전략을 세워야 한다.

첫째, 정보 전달형은 청중의 흥미를 이끌어 내야 한다. 정보 전달형은 현재·과거 사실의 보고, 새로운 정보, 데이터, 아이디어, 사실 등을 전달하는 프레젠테이션이다. 특별한 전략을 세우지 않으면 자칫 지루해지거나 금세 청중에게 싫증을 불러일으킬 수 있다. 이미 참석자들이 알고 있는 내용을 발표한다면 참석자들은 곧 실망하게 되고 실패한 프레젠테이션으로 마무리하게 될 것이다. 참석자들은 프레젠테이션을 통해 자신들이 알지 못했던 정보나 지식을 얻기 원한다. 프레젠터가 발표한 내용이 참석자 자신들에게 큰 도움이 될 경우 감동을 받는다.

둘째, 설득형은 청중의 가치관을 바꾸고 프레젠터가 의도한 행동 양식을 받아들이게 하려는 목적을 가진다. 그러므로 설득형은 청중의 가치관을 바꿀 수 있어야 한다. 청중은 자신에게 이익이 되거나 자신의 문제를 해결할 수 있는 해결 방안에만 관심이 있다. 5P 분석을 바탕으로 효과적인 해결 방안을 개발하고 제시해야 한다.

설득에 성공하려면 감정, 논리, 이익의 관점을 고려해야 한다. 프레젠터가 청중에게 논리적 접근과 감성적 접근을 통해 어떤 이익을 제공할 수 있는지를 고려해야 한다. 청중과 감정적 저해 요인이 없는 원활한 인간관계 구축을 기반으로 그 위에 논리를 쌓아 올리기 위해서는 설득을 위한 내용이 논리적이고 납득할 수 있어야 한다. 청중의 이익을 강조할 필요가 있다. 설득력을 높이기 위해서는 논리적이면서도 감성적인 접근을 통해 참석자의 마음을 흔들 수 있는 방법을 고려하여 발표 전략을 수립해야 한다.

셋째, 효과적인 동기부여형 발표를 위해서는 프레젠테이션을 전개할 때 청중에게 논리보다 감성에 호소하는 전략이 성공 확률이 높다. 동기부여형은 청중의 의욕을 환기시키고, 기대하는 행동을 받아들이게 하는 것으로 격려사, 당부의 말, 훈시 등이 있다.

넷째, 오락형은 청중을 즐겁게 하고 긴장을 풀어 주어야 한다. 유머, 농담을 적절히 사용해야 한다. 웃음을 주되 품위를 유지하는 선이어야 하고, 청중의 성격 등을 고려해야 한다.

단계 4. 청중의 특성에 따른 대응 전략

성공하는 프레젠테이션을 위해서는 참석자의 특성에 따른 대응 전략을 세워야 한다.

첫째, 핵심 인물은 청중 가운데서 최종 의사 결정을 하는 인물이다. 다시 말해, 프레젠터가 설득시켜야 할 인물이다. 우선 조직 내 역학관계에 관한 정보를 수집한 후 프레젠터는 핵심 인물이 누구인지, 핵심 인물에 대한 분석을 실시한다. 핵심 인물의 취향, 관심 분야 등을 파악하여 프레젠테이션에 담아내야 한다.

둘째, 발표 주제에 대한 지식 정도를 고려하여 발표 전략을 세운다. 청중이 지식이 해박한 수준인 경우는 전문 용어를 활용하고, 기존 경험과 연결된 내용으로 전략을 세운다. 기초적이고 진부한 내용은 생략하는 것이 좋다. 청중이 지식이 얕은 경우 기초부터 차근차근 설명해야 한다. 정보의 양은 가능한 최소화하는 것이 좋다.

셋째, 프레젠테이션 참여 동기·태도를 고려하여 프레젠테이션 전략을 세운다. 참여 태도가 호의적인 집단과 비호의적인 집단으로 구분된다. 호의적인 집단의 경우는 기대를 가지고 참석한 청중이다. 이들을 위해서는 새로운 이야기를 준비해 기대에 부응할 수 있도록 해야 한다. 비호의적인 집단은 부정적인 태도를 보이거나 부정적인 질문을 할 수 있다. 이들을 위해 프레젠터는 자신의 의견을 고집하면 안 된다. 특히 편견을 가진 내용을 설명해서는 안 된다.

　넷째, 프레젠테이션에 대한 요구 정도를 고려하여 발표 전략을 세운다. 요구 사항이 많은 집단의 경우 요구 사항을 철저히 분석해서 준비해야 한다. 청중의 요구에 의한 프레젠테이션으로 특별한 요청 사항이나 정보들을 공유하는 것이 좋다. 반대로 요구 사항이 낮은 집단은 프레젠테이션에 수동적이다. 이들을 위해서는 논리적이고 설득력 있는 전개와 근거를 제시해야 한다.

　전략은 스토리를 찾아내는 생각 정리하기다. 프레젠터는 끊임없이 청중을 분석하여 효과적으로 설득할 수 있는 스토리를 만들어 내야 한다. 프레젠테이션은 설득과의 싸움이다. 설득의 방법을 이성과 감성 중 어떤 방식으로 접근할지 전략을 세워야 한다. 스토리 전개도 귀납법으로 할지 연역법으로 할지 결정해야 한다. 그리고 프레젠테이션 유형에 따른 특성을 반영하여 생각을 정리해야 한다. 또한 청중의 특성을 반영하여 그에 따른 전략 시나리오를 만들어야 한다. 전략은 프레젠테이션의 모든 것이기 때문이다. 성공하는 프레젠테이션을 만드는 요인은 전체를 10이라고 할 때 8이 전략이다.

설득력 있는 논리 풀어내기

아무리 말을 잘하고 발표 스킬이 뛰어난 프레젠터라 해도 발표할 콘텐츠가 빈약하거나 엉성하면 청중이 감동을 받을 수 없다. 감동이 없으면 설득력이 떨어진다는 것이다. 프레젠테이션을 할 때 가장 중요한 것은 콘텐츠다. 영화도 마찬가지다. 인기 많고 화려한 배우를 캐스팅하고 천문학적인 제작 비용을 들여 영화를 만들었다고 하자. 그런데 스토리가 빈약해 아무 감동을 주지 못한다면 관객은 발길을 돌릴 것이다. 반대로 출연 배우도 화려하지 않고 제작 비용도 적은데 스토리가 감동을 준다면 베스트 영화가 되는 경우를 우리는 많이 봐왔다.

2009년 1월에 개봉한 이충렬 감독의 독립 영화 「워낭소리」가 그러하다. 경북 봉화 산골의 한 노인 부부와 그들이 키우는 나이 먹은 일소의 마지막 몇 년간의 생활을 담은 다큐멘터리 영화다. 주인공도 시골에 사는 노부부였고 제작비도 그리 많이 들지 않은 영화가 총 관객 수 292만 명이라는, 독립 영화 사상 최고 기록을 경신했다.

프레젠테이션에서 스토리는 콘텐츠다. 콘텐츠가 탄탄해야 전달 효율을 높일 수 있고 청중에게 감동을 주어 설득력을 높일 수 있다. 설득력 있는 논리를 풀어내기 위한 다섯 가지 콘텐츠 구성 단계는 다음과 같다.

단계 1. 주장하는 바 key word를 추출

key word란 프레젠테이션의 목적 달성을 위한 핵심 내용을 말한다. 핵심 메시지라고도 한다. 프레젠터가 가장 신경 써야 할 부분이다. 한 프레젠테이션에서 key word가 너무 많으면 초점이 흐려져 메시지 전달이 안 되거나 지루한 프레젠테이션이 될 가능성이 있다. 어찌 보면 프레젠테이션은 key word와의 싸움이라고도 할 수 있다.

key word를 어떻게 추출할 것인가? 다음 그림처럼 키워드는 primary key word와 secondary key word 그리고 장 key word로 구분할 수 있다. primary key word는 전체 발표 내용을 대표하는 key word다. 주제일 수도 있고 발표의 중심 사상일 수도 있고, 주장하고자 하는 바일 수도 있다. secondary key word는 primary key word를 뒷받침하는 key word다.

발표 시간에 따라 다르지만 보통 세 가지에서 다섯 가지 정도가 적당하다. 장 key word는 각 장표에서 주장하고자 하는 key word다. 한 슬라이드에 1 key word를 갖는 것이 좋다.

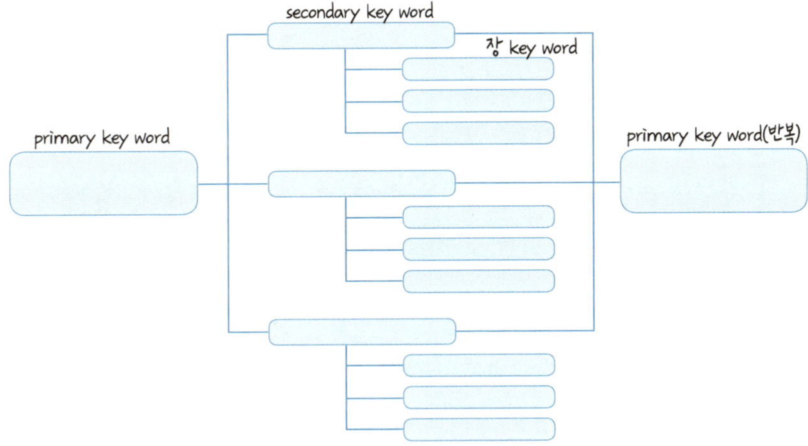

key word 추출의 핵심은 청중을 중심에 두는 것이다. 청중이 요구하는 것, 알고 싶은 것을 직접적이고 쉬운 표현으로 추출해야 한다. 프레젠테이션의 목표는 청중의 반응을 프레젠터가 의도한 대로 이끄는 것이다. 이를 위해서는 청중과 주변 환경을 파악하여 key word를 정해야 한다.

단계 2. 논리 전개도(storyboard) 작성

삼성SDS에서 베스트 프레젠터 자격 심사위원으로 활동할 때 내가 중점적으로 보았던 부분이 '논리 전개 능력'이었다. 프레젠테이션에서 높은 점수를 받지 못한 사람들의 대부분은 논리 전개력이 약했다. 아무리 말을 잘해도 논리력이 부족하면 설득력이 떨어지고 점수도 낮았다.

프레젠테이션을 위한 자료를 만들다 보면 콘텐츠 기획 없이 바로 PC 파워포인트를 열어 작업을 시작하는 경우를 흔히 볼 수 있다. 콘텐츠 기획과 작성의 비율은 80퍼센트 : 20퍼센트로 보면 적정하다. 전체 공정의 80퍼센트를 콘텐츠 기획에 집중해야 한다. 이때 PC를 켜지 말고 화이트보드나 종이, 연필 등 아날로그 도구를 사용해 작업한다. 이렇게 하는 이유는 프레젠테이션의 논리 구조와 맥락을 잡기 위해서다.

먼저 논리적으로 콘텐츠 정리를 한 후 문서를 만드는 작업을 해야 한다. 논리 정리는 이슈-문제-원인-해결책으로 이어지는 구조를 정의하는 것이다. 앞뒤 맥락도 고려해야 한다. 이야기 정리는 시간 순서대로 전개되는 에피소드, 증거들의 구조화 그리고 요약이다. 논리의 구성 요소는 상황-이슈-문제점-원인-해결책 등이다.

논리 전개란 프레젠테이션의 콘텐츠 전개 방식을 정의하는 것이다. 프레젠테이션에서 결론으로 가는 방법은 여러 가지다.

첫째, 두괄식 전개 방식이다. 결론을 먼저 이야기하는 방식으로 발표 시간이 짧은 경우 효과적이다. 주로 직장에서 상사에게 보고할 때 사용한다. 둘째, 미괄식 전개 방식이다. 결론을 나중에 이야기하는 방식으로 발표 시간이 삼십 분 내외인 경우에 활용하는 것이 좋다. 제안 설명회, 경진 대회, 논문 발표 등에서 활용한다. 셋째, 스토리텔링 형태 전개 방식으로 발표 시간이 한 시간 내외일 경우 활용하는 것이 좋다. 특히 대중을 상대로 임팩트 있는 발표가 필요한 경우에 활용한다. 기타 연대기식이나 단순형으로 원인과 결과, 문제-해결책 또는 질의에 대한 답변 형태로 전개할 수도 있다.

논리 전개는 청중의 상황에 따라 선택해야 하며 논리 전개도를 통해 작성한다. 논리 전개도란 논리를 단순 명확하게 정리하고 매끄러운 맥락을 만드는 설계도다. 논리 전개도를 통해 프레젠테이션의 목적에 대한 결론이 확립되며 이를 뒷받침하는 이유와 증거가 갖추어진다. 또한 결론-이유-증거로 구성되는 단순한 논리 구조와 처음부터 끝까지의 논리 전개 흐름이 만들어진다. 논리 전개도는 스토리의 설계가 되며 한 장

> ### 미괄식 3단 논리 전개도의 내용 예시
>
> - opening : 자기 소개, 인사말, 청중의 이익, 인상 깊은 멘트
>
> - **서론** : 배경, 운영 계획
>
> - **본론** : 결론을 도출하기 위한 주요 내용, 세부 내용, 근거 자료
>
> - **결론** : 청중에게 기대하는 핵심 내용 및 결론
>
> - **질의응답** : 부정적 이미지 해소, 긍정적 이미지 강화, 추가적 내용 전달
>
> - closing : 청중의 의사 결정, 행동을 촉구하는 내용, 마무리 멘트

으로 단순하게 그리는 것이 좋다. 논리 전개도가 단순하지 않으면 청중을 이해시킬 수 없다.

단계 3. 콘텐츠의 구조화

백화점의 특징 중 하나가 상품별 그룹 전시가 잘 되어 있다는 것이다. 예를 들면 B1 식품코너, F1 명품 잡화·화장품·시계, F2 여성 정장, F4 캐주얼, F5 남성 정장, F6 아웃도어, F7스포츠, F8 전자제품·가구 등의 상품군 별로 배치되어 있다. 각 층에 가면 각 브랜드별로 상품이 모여 있어 방문객들이 손쉽게 상품을 찾을 수 있도록 구조화되어 있다. 만약 상품 배치가 편리한 동선으로 잘 되어 있지 않다면 소비자들은 상품 구매 시 상당히 혼란스러울 것이다.

수직적 위계

- 하위 내용은 상위 내용에 대한 근거나 논리적 수식 관계가 성립되어야 한다.
- 상위 내용은 하위 내용보다 높거나 넓은 개념이어야 한다.
- 한 개 상위 내용에 대한 하위 내용은 보통 세 개가 적당하다.

수평적 범주

- 동일한(유사한, 관련된) 내용끼리는 같은 수준으로 횡적 배열한다.

마찬가지로 프레젠테이션의 콘텐츠가 구조화되어 있지 않고 제멋대로 배열되어 있으면 청중은 혼란스러울 것이다. 프레젠터도 발표하는 데 어려움이 있다. 콘텐츠 구조화는 수직적 위계와 수평적 범주의 두 가지 관점에서 이루어져야 한다.

단계 4. 우선순위의 결정

프레젠테이션 콘텐츠를 만들다 보면 많은 양의 장표가 만들어지게 된다. 전달하고자 하는 욕심이 크거나 자료가 정제되지 않기 때문이다. 이것도 이야기하고 싶고, 저것도 이야기하고 싶은 것이 프레젠터의 욕심이다. 하나라도 더 많이 전달해야 자신의 역량이 뛰어난 것처럼 보이기 때문이다. 다음에 또 선택되고 싶은 점도 있다. 그러나 프레젠테이션에는 시간이라는 제약이 존재한다. 이에 맞추어 콘텐츠를 과감하게 정리해야 한다. 즉 우선순위의 결정이 프레젠테이션 성공 여부를 가를 수도 있다.

우선순위는 목적 달성에의 기여도에 따라 결정할 수 있다. 정해진 우선순위는 그 비중이 높은 것을 먼저 제시하고 낮은 것은 첨부 또는 삭제하는 형식을 취하는 것이 바람직하다. 탁월한 프레젠터란 많은 내용이 아닌 핵심 메시지를 잘 구조화하여 단 한 가지라도 청중의 가슴에 남게 하는 것이 중요하다.

단계 5. 적절한 표현 방법 결정

콘텐츠가 논리적이고 내용이 좋더라도 청중의 특성에 따라 적절한 표현 방식을 선택해야 한다. 자기주장만으로는 청중을 설득하는 데 한계가 있다. 전문 용어를 사용할 상황에서는 전문 용어를 써야 한다. 권위를 부여받고 싶다면 권위 있는 인물의 주장을 인용한다. 그래야 성공적인 프레젠테이션 콘텐츠를 만들 수 있다.

표현에 유용한 방법

- **인용** : 자신의 말로는 한계를 느낄 때 권위 있는 사람의 말이나 격언, 속담 등을 빌려 씀으로써 표현 방법에 대한 권위를 얻는 방법.
- **예시** : 어떤 사실이나 현상을 개념적으로만 설명하는 것이 한계가 있을 때 유사한 사실이나 현상을 예를 들어 설명하는 방법.
- **비유** : 어떤 사실이나 사물을 다른 사실이나 사물에 비유하여 표현하는 방법.
- **예화·사례** : 자신이나 타인이 경험한 예화나 사례를 들어 내용을 보완 설명하는 방법.
- **동조자**지원자 : 동조자지원자의 지원을 통해 설득력을 높이는 방법.
- **대의 명분** : 대의적인 차원, 이익이나 공존 공생의 명분을 강조해 설득력을 높이는 방법.
- **구체적 이익 제시** : 청중의 입장에서 그러한 장점으로 인해 얻을 수 있는 구체적인 이익을 강조함으로써 설득력을 높이는 방식.

콘텐츠 구성은 설득력 있는 논리 풀어내기다. 설득력 있는 논리 풀어내기 단계는 ①키워드 추출 ②논리 전개도 작성 ③콘텐츠 구조화 ④우선순위 결정 ⑤적절한 표현 방법 결정으로 이루어진다. 콘텐츠는 프레젠테이션의 얼굴이다. 명확한 키워드가 드러나야 한다. 그리고 그 키워드를 뒷받침할 수 있는 논리적 근거가 만들어져야 한다. 청중이 쉽게 이해할 수 있도록 콘텐츠가 구조화되어야 한다. 무엇을 먼저 어필할지 우선순위를 정하고 청중의 환경 특성과 어울리는 적절한 표현 방법을 선택해야 한다. 프레젠테이션의 기본은 콘텐츠다. 프레젠터가 갖고 있는 생각을 설득력 있는 논리로 풀어내는 과정이다. 청중의 닫힌 마음을 열어 주는 것이 콘텐츠여야 한다.

제 5 법칙 : 시각화
생각 논리를 눈으로 보여주기

잭 웰치는 시각화의 효과에 대해 "시각화는 나의 비전을 확신하고 실행할 때 자주 이용하는 단순한 개념의 도구다"라고 말했다.

프레젠테이션에서 시각화가 중요한 이유는 첫째, 정보의 전달과 이해가 쉬워지고, 둘째, 오랫동안 정보를 기억하게 해주며, 셋째, 프레젠터와 청중 간의 커뮤니케이션 시간을 단축시켜 준다. 마지막으로 설득 효과를 높여 주기 때문이다.

이미지 전달 효과에 관한 연구에 의하면 시각 자료가 55퍼센트, 목소리가 38퍼센트, 단어가 7퍼센트로, 시각 자료가 이미지 전달 효과에 가장 뛰어난 것으로 나타났다. 감각 기관별 정보 습득 의존도도 시각 83퍼센트, 청각 11퍼센트, 촉각 3퍼센트, 후각 3퍼센트, 미각 2퍼센트로 나타나 시각 자료의 의존도가 제일 높다.

시간 경과와 기억률의 관계

- **언어** : 20분 후는 18퍼센트 기억, 100분 후는 4퍼센트만 기억한다.

- **그림** : 100분 후는 19퍼센트만 기억한다.

- **언어 + 그림** : 20분 후는 80퍼센트 기억, 100분 후는 70퍼센트를 기억하는 것으로 나타나 시각화의 중요성이 강조되고 있다.

프레젠테이션은 연설과 달리 시각 자료를 활용하여 설득력을 높이는 기술이다. 실제 프레젠테이션을 준비하는 과정에서 시각화에 많은 시간을 할애하는 이유도 그만큼 중요하기 때문이다. 시각화 작업을 위해 전문 디자이너를 이용하기도 한다. 그러나 너무 시각화에 매몰되지 말라고 충고하고 싶다. 프레젠테이션에서 시각화보다 더 중요한 것은 전달해야 할 핵심 콘셉트와 가치이기 때문이다. 시각화는 발표 내용을 청중에게 쉽게 전달, 이해시키기 위한 디자인 작업이다. 효과적인 시각화 작업을 위한 고려 사항은 다음과 같다.

청중의 마음을 움직일 수 있는 제목을 만들어라

프레젠테이션의 제목은 첫인상을 결정한다. 청중의 시선을 끌 수 있도록 함축된 제목을 만들어야 한다.

- 제목에 청중이 원하는 것을 담아라.

- 제목에 호기심과 기대감을 담아라.

• 제목에 이익을 명쾌하게 제시하라.

예를 들면, '부동산 투자 전문가 노하우'보다는 '인정받고 돈도 버는 부동산 투자 전문가 노하우 일곱 가지 따라하기'로 제목을 붙이면 더 청중의 마음을 움직일 수 있다.

각 장표는 하나의 주제만 담기도록 단순화시켜라

주제가 여러 가지이거나 내용이 많으면 핵심 메시지 전달이 어렵다.

• 하나의 슬라이드에는 하나의 주제만 넣는다.

• 시각 자료와 텍스트를 함께 사용한다.

• 슬라이드는 간단, 명료하게 만든다.

• 슬라이드의 제목은 다섯 단어 이내로 한다.

핵심 메시지는 눈에 띄도록 시각화하라

숫자는 표 또는 그래프로, 문자는 차트나 도형으로 만들어 핵심 메시지가 잘 보이도록 시각화한다.

일관성을 유지해라

첫 장표부터 마지막 장표까지 일관성을 유지해야 한다. 이미지는 통일감 있게 한다. 레이아웃 스타일, 서체의 종류와 크기, 색상 등에는 일정한 기준을 적용한다.

주목성을 고려해라

청중의 눈에 잘 띄도록 주목성을 고려해 시각화 작업을 해야 한다.

* 청중의 시선 흐름을 고려하여 수직 동선은 위에서 아래로 흐르게 한다.
* 수평 동선은 좌측에서 우측으로 흐르게 하고, 원형 동선은 시계 방향으로 흐르게 한다.
* 청중의 시각의 중심을 고려해야 한다.
* 수직선은 3분의 2, 수평선은 4분의 3에 해당하는 곳에 시선의 중심을 두는 것이 좋다.
* 청중에게 노출될 때 눈이 가장 먼저 가는 곳에 핵심 메시지를 위치시킨다.

가독성을 높여라

문장의 정렬을 통해 가독성을 높여야 한다.

* 가운데 정렬 : 텍스트가 2, 3줄일 때 사용한다. 특히 제목과 부제목에서 많이 사용한다. 단, 문장 수가 많으면 가독성이 떨어진다.
* 왼쪽 정렬 : 가독성이 좋아 일반적으로 많이 사용한다.
* 오른쪽 정렬 : 텍스트 양이 적을 때, 주의를 끌 때 사용한다.

내용 강조법을 활용하라

어떤 부분을 특히 강하게 주장하거나 두드러지게 하는 내용 강조법을 활용한다.

- 글자의 색, 크기, 글꼴, 모양

- 일러스트, 애니메이션, 음향효과

- 한자, 영문

콘셉트에 맞는 서체를 선택하라

프레젠테이션 콘셉트에 맞는 서체 선택, 서체 크기, 서체 색 등을 고려하여 시각화 작업을 한다.

〈서체의 선택〉

- 눈에 띄는 서체를 선택한다.

- 읽기 쉬운 깔끔한 서체를 선택한다.

- 글자 모양은 특별한 경우를 제외하고는 표준 글자를 사용한다.

- 가능한 세리프서체 획의 일부 끝이 돌출된 형태의 글자체나 기호가 없는 글씨를 선택한다.

- 밑줄, 기울기체, 윤곽체, 음영체는 가독성이 떨어지고 산만해 보이므로 피한다.

- 한두 가지 이상의 서체는 사용하지 않는다.

〈서체의 크기〉

• 폰트의 크기는 청중이 볼 수 있도록 충분히 커야 한다.

• 본문의 폰트는 22포인트 이상으로 한다.

• 제목 폰트는 28~30포인트가 적당하다.

• 서체 간 크기의 차이는 3~5포인트로 한다.

색채를 활용하라

시각 자료의 분위기를 살릴 수 있도록 색채를 활용해야 한다.

〈색상의 사용〉

• 강한 임팩트를 주어 시선을 집중시킬 수 있다.

• 각각의 특이성을 주어 식별, 구별을 용이하게 한다.

• 색채에 따른 연상을 연합하면 기억에 도움을 줄 수 있다.

〈색의 사용법〉

• 회사의 기준을 고려한다.

• 장시간 보아도 싫증이 나지 않는 색을 선택한다.

• 청중의 분위기와 어울리는 색을 선택한다.

• 너무 현란하지 않게 강조점에만 사용한다.

• 일관성을 유지한다.

〈배경색〉

- 흰색 바탕에 검은색 : 가독성이 좋고, 깨끗한 이미지이며 작업이 용이하다. 집중력을 약화시킨다는 단점이 있다.
- 검은색 바탕에 흰색 : 집중력이 높고, 눈에 피로를 주지 않으나, 단조로워 분위기가 가라앉을 수 있다.
- 청색 : 판독성이 뛰어나지만 집중력이 떨어진다. 주로 비즈니스에 활용한다.
- 난색 : 집중력이 떨어진다.
- 녹색, 갈색 : 안정된 느낌이나 집중력이 떨어진다.

시각화는 생각 논리를 눈으로 보여주기 위한 행위다. 시각화를 위해서는 발표할 자료를 새롭고 다양한 관점에서 바라보아야 한다. 시각 자료는 복잡하지 않게 핵심메시지가 잘 전달되도록 디자인되어야 한다. 글자나 숫자가 가지는 의미를 시각화로 바꾸어 나타내면 이해와 전달이 쉽고 오래 기억될 수 있다. 시각화는 청중을 설득하거나 핵심 메시지를 기억하게 만드는 데 매우 중요한 역할을 한다. 따라서 프레젠테이션의 효율을 증가시키려면 시각화를 적절하게 활용해야 한다. 시각화 작업 시 포토샵 툴이나 전문 디자이너를 활용하는 경우가 많은데 파워포인트에서 제공되는 기능들만 이용해도 충분하다.

제 6 법칙 : 연습
피나는 노력 그리고 외로운 싸움

　대부분의 사람들이 프레젠테이션에서 실패하는 이유는 무엇일까? 대한민국은 문화적으로 자기 자신을 드러내지 않는 유교적 전통문화를 가지고 있어 다른 사람 앞에 나서지 않는 것을 미덕으로 생각하기 때문에 프레젠테이션에 약한 경향이 있다. 또한 본질적인 가치에 대한 객관적인 인식의 결여, 청중의 수준이 높아지고 있고 다양하다는 점도 프레젠테이션을 어렵게 하는 요인이다. 또 다른 이유는 프레젠터의 기본적인 자질 부족, 준비 부족, 경험 부족 등을 들 수 있다. 그중에서도 준비 부족이 프레젠테이션의 실패를 가장 크게 좌우하고 있다.

　아무리 프레젠테이션의 기본적인 자질과 경험이 있다고 해도 준비가 부족하면 프레젠테이션은 실패하게 되어 있다. 김연아 선수가 올림픽에서 금메달을 따기 위해 피나는 노력과 외로운 싸움을 한 것은 잘 알려진 사실이다. 딱 한 번의 올림픽 무대에 서기 위해서 수백 번 아니 수천 번의 연습과 리허설을 했다고 한다. 프레젠테이션도 마찬가지다. 한 번의 발표를 위해서 철저한 준비와 연습이 필요한 것이다.

프레젠테이션의 연습단계는 발표 시나리오 작성, 시나리오 암기, 리허설 과정을 거치게 된다.

첫째, 연습의 시작은 시나리오 작성에서 출발한다. 시나리오란 연극의 상연이나 영화의 제작에 기본이 되는 각본을 말한다. 대본이라고도 하며 뉴스, 시사 토크쇼 등 방송프로그램 진행도 각본을 쓰고 진행한다. 각본이 없으면 내용의 초점이 흐려지고 NG가 나서 낭패를 볼 수 있다. 특히 청중을 상대로 한 발표에서 각본은 필수이다. 프레젠테이션도 실패를 하지 않기 위해서는 콘텐츠에 기반한 시나리오_{원고}를 준비해야 한다.

시나리오를 작성할 때 주의해야 할 원칙은 다음과 같다.

- 키워드 중심으로 작성한다.
- 문장은 단문의 구어체로 작성한다.
- 자신에게 익숙한 말하기 패턴을 활용한다.
- 장 넘김 문구를 만든다.
- 자신의 이야기 중심으로 스토리텔링을 한다.

둘째, 시나리오의 암기다. 프레젠테이션할 때 실제 대중 앞에 서면 머리가 하얗게 된다. 아무리 준비를 많이 해도 가슴이 떨리고 준비했던 시나리오가 생각나지 않은 경우가 많다. 이걸 어떻게 극복하느냐가 프레젠테이션의 성공을 좌우한다. 프레젠터가 발표하는 형태는 다음과 같이 크게 3가지다.

- 시나리오(원고)를 보고 읽는다.
- 시니리오(원고)를 통째로 암기해서 발표한다.
- 시나리오(원고)를 만들고 발표할 때는 대화체로 말한다.

지금 당신은 어떤 형태로 프레젠테이션하는가? 프레젠터는 자신의 생각이나 주장하는 바를 말로 표현해서 청중을 설득하는 사람이다. 진정으로 당신이 청중의 마음을 움직이게 하여 설득하고 싶다면 원고를 암기하여 읽지 마라. 원고를 암기하는 것은 드라마에 나오는 연기자들이 하는 것이다.

그러면 프레젠터가 어떻게 원고를 보지 않고 또한 암기하지 않고 대화체로 자연스럽게 청중들 앞에서 발표를 할 수 있을까? 그것은 생각사진 촬영법을 사용하면 된다. 생각촬영법은 사물을 카메라렌즈를 통해 사진을 찍듯이 생각을 생각의 창을 통해 사진을 찍어 머릿속에 저장하는 개념이다. 그리고 발표할 때 머릿속에 있는 사진을 하나씩 돌려보면서 대화하듯이 말하는 것이다.

생각사진 촬영은 어떻게 하는가? 첫 번째 단계는 스스로 생각하기다. 프레젠터가 발표를 한다는 것은 잘 생각하는 것이다. 생각이 없으면 말할 수가 없다. 프레젠터에게는 해야 할 이야기, 하고 싶은 이야기, 청중이 듣고 싶은 이야기가 있다. 이런 것들을 프레젠터 스스로가 평소에 잘 모아 놓는 것이 중요하다.

두 번째 단계는 생각쓰기다. 생각을 시나리오로 만드는 과정이다. 자신이 발표할 내용을 원고로 쓰지 못하는 프레젠터가 의외로 우리 주위에 많다. 그러다 보니 발표 원고를 부하직원이나 다른 사람에게 맡긴다. 만약 다른 사람이 원고를 쓴다면 그것은 프레젠터의 생각이 아니라 다른 사람의 생각이다. 원고를 스스로 쓸 수 없는 프레젠터는 생각사진을 찍을 수가 없고 발표를 잘할 수 없다. 프레젠터가 생각을 잘 쓰기 위해서는 프레젠터의 말 패턴, 말의 체 그리고 말의 표현을 별도로 정리해 둘 필요가 있다.

세 번째 단계는 생각사진 촬영하기다. 다시 말해 원고를 문장이 아닌 이미지로 기억하는 단계다. 생각을 콘셉트화하고, 이미지화하면 생각사진을 찍을 수 있다. 생각을 콘셉트화하고 이미지화한다는 것의 핵심은 말이 짧고 심플하다는 것이다. 또 하나, 자신의 경험과 생각을 스토리텔링을 한다는 것이다. 사람들은 자신의 이야기를 할 때 암기하지 않고 술술 말하는 특성을 가지고 있다.

이렇게 생각사진을 찍으면 프레젠터는 발표할 때 영화필름을 돌려

보듯이 대화체로 자연스럽게 프레젠테이션할 수 있다.

마지막으로 리허설 단계다. 이제 시나리오 작성과 시나리오 암기가 끝났다. 그러면 프레젠터는 실전처럼 리허설을 거쳐 소리언어와 몸짓언어를 하나로 만들어 나가야 한다. 리허설은 3단계로 이루어진다.

리허설 1단계는 원고만 읽으면서 연습하는 단계다. 최종 원고가 나오기 전 처음으로 소리를 내어 읽으면서 연습해본다, 도입부터 마무리까지 일관되게 읽어보고 문제를 메모한다. 핵심 포인트는 말의 흐름이나 구성에 문제가 없는가를 체크하는 것이다. 음성, 어조, 속도는 문제가 없는지, 의미 없는 말은 없는지, 어색한 단어나 띄어 읽기 등도 체크한다. 또한 강조할 부분에 따라 슬라이드를 수정할 부분이 없는지도 확인해야 한다.

리허설 2단계는 발표 자료, 말 그리고 몸동작을 하나로 만드는 과정이다. 최종 원고와 시청각 자료로 몸동작을 사용하며 실제 프레젠테이션 하듯 연습을 하는 과정이다. 녹음을 하거나 동영상으로 촬영 후 모니터링을 해서 문제점을 개선한다. 주요 점검사항은 다음과 같다.

- 메시지가 명확하고 쉽게 전달되는가?

- 표정과 제스처가 자연스럽고 설득력이 있는가?

- 자연스럽게 여러 곳으로 시선을 배분하는가?

- 전체 내용을 쉽게 전달하고 있는가?

- 시간 안배가 균형 있게 되었는가?

- 강한 인상을 남기고 있는가?

리허설 3단계는 총 연습하기 단계다. 실제 프레젠테이션을 행할 장소에서 원고, 시각자료 등을 모두 갖추고 연습하며 동료나 부하의 관찰 및 피드백을 받는 단계다. 이 단계에서는 기자재 체크 및 조작, 차트의 직독력_{색깔, 크기 등}, 입장 및 퇴장 연습, 공간이동, 움직임_{제스처}, 시선 안배_{eye-contact} 등을 자연스럽게 하고 있는지 점검한다.

프레젠테이션은 타고난 자질이 아니라 철저한 준비와 연습에 따라 결과가 달라진다. 프레젠테이션은 발표 시나리오를 쓰고, 시나리오를 암기하고 리허설을 통해 시나리오의 원고를 수정하고 몸동작을 시나리오에 맞추고를 반복하면서 만들어가는 기술이다. 김연아가 올림픽 무대에서 금메달을 목에 걸 수 있었던 것은 오직 금메달을 목표로 피나는 연습을 했기 때문이다. 수도 없이 넘어지고 엉덩방아도 찧고 다시 일어나서 연습을 했기 때문에 가능했다. 오로지 한 무대를 위해 빙판과 음악과 몸짓이 하나가 되도록 연습한 결과이다. 베스트 프레젠테이션도 반복되는 연습의 결과물이다.

입, 눈, 표정 그리고 몸짓으로 말하기

　프레젠테이션은 언어로만 이루어지는 것이 아니다. 비언어적인 것의 커뮤니케이션 효과가 더 크다. 프레젠터의 몸은 최상의 시청각 자료다. 동일한 내용이라도 프레젠터의 표정, 손 동작, 눈빛, 목소리에 따라 이해력이나 설득력에 엄청난 차이가 난다. 프레젠테이션에서 첫인상을 결정짓는 요인으로 표정, 용모, 태도, 언어 등이 있다. 프레젠테이션은 이런 모든 요소를 총동원하여 청중과 효과적으로 커뮤니케이션을 해야 한다.

　본격적인 프레젠테이션의 실행은 '오프닝-몸짓언어-클로징-질의응답' 순으로 진행이 된다. 이제 콘텐츠 등 모든 것이 준비되었다. 청중에게 발표 자료를 효과적으로 전달하는 일만 남았다. 프레젠테이션은 몸의 언어가 만들어 내는 종합 예술이다. 프레젠테이션 시작 후 1분 내에 성공 여부가 결정된다. 이 시간 안에 청중을 사로잡아야 한다. 이것이 오프닝이다. 오프닝에는 다음과 같은 내용들이 포함된다.

오프닝(opening)의 1분이 중요

인상 깊은 오프닝으로 관심과 흥미를 유발하고 있는가? 목적과 방향을 분명하게 전달했는가? 이것이 키포인트다. 특히 인상 깊은 오프닝 멘트가 중요하다. 프레젠테이션 시작 1분 내에 승부를 거는 요소이기 때문이다. 오프닝은 발표 내용과 연관성이 있는 동영상, 이미지, 명언 등으로 시작하는 것이 효과적이다.

오프닝에 포함되어야 할 내용

- 깊은 인상을 주는 오프닝 멘트
- 자기소개와 청중에 대한 인정, 감사 메시지
- 프레젠테이션을 하게 된 배경
- 프레젠테이션의 목적
- 시간 운영 계획
- 질문 요령

몸짓언어(body language)는 자연스럽게

오프닝이 끝나면 프레젠테이션이 본격적으로 시작된다. 프레젠테이션은 언어적 요소보다는 비언어적 요소가 청중을 설득하고 움직이는 데 더 효과적이다. 보디랭귀지를 활용하면 생동감 있고 효과적인 프레젠테이션을 할 수 있다. 효과적인 보디랭귀지 기법에는 표정 관리, 시선 처리, 제스처, 공간 이동, 목소리, 자세 등이 있다. 보디랭귀지 기법을 적절하게 사용해야 자연스럽고 때로는 힘이 있는 프레젠테이션을 연출할 수 있다. 프레젠터는 드라마의 주인공과 같다. 전달 단계에서는 연기력에 의해 평가를 받는다.

표정 관리

표정에 자신감이 있어야 한다. 자연스러운 미소를 짓되 너무 웃는 인상은 좋지 않다. 경우에 따라 적절히 긴장된 표정도 중요하다. 그리고 안정감을 주어야 한다. 단상에 올라와 두리번거리거나 손을 머리에 올리는 등 불안정한 모습은 프레젠터의 첫인상을 망치게 한다.

시선 처리

시선 처리는 자연스러움을 연출해 주는 기술이다. 대개 프레젠테이션을 할 때는 긴장감이 감도는데 시선 처리를 적절하게 함으로써 긴장도 풀어주고 청중에게도 자연스러움을 줄 수 있다.

시선은 청중을 주시하는 것이 기본이다. 전후, 좌우로 이동하면서 여러 사람에게 골고루 시선을 맞춘다. 항상 일대일로 이야기하듯 청중이라는 한 사람에게 정확히 포커스를 맞춘다. 문단의 도중에는 시선을 바꾸지 않는다. 중요한 것은 시선의 위치가 상대방의 눈을 정면으로 주시하는 것보다 눈 아래 콧잔등을 보는 것이 좋다.

제스처

제스처는 긴장을 풀어주고 자신감을 심어주는 데 효과적이다. 프레젠테이션을 진행하다 보면 힘없이 지루해지는 경우가 있는데, 이때 제스처를 활용해 생기를 불어넣어야 한다. 제스처는 자연스러운 차렷 자세가 기본이다. 기계처럼 딱딱해서는 안 되지만 어느 정도 절도 있게 움직여야 보기 좋다. 필요한 포인트에서만 적절하게 구사한다.

청중을 지목할 때는 손가락 전체를 곧게 펴서 해야 공손해 보인다. 실수를 하더라도 고개를 젖히거나 머리에 손을 올리지 말고 의연한 태도를 유지한다. 기타 주머니에 손 넣기, 팔짱 끼기, 연단이나 벽에 기대기, 깍지 끼기 등은 하지 않는다. 내용에 따라 동작의 크기를 달리 한다. 어느 위치에서 표현해야 하는지를 생각한다. 제스처를 거둬들이는 시기를 생각한다. 양손을 균형 있게 사용하는 것이 좋다.

제스처의 의미

- 오른손을 주먹 쥐고 눈높이까지 올린다도전, 결심, 자신감, 의지, 희망, 목표달성
- 양손을 목 높이에서 잡는다결단, 단호함, 동참, 투지 → 열정이 가득한 느낌
- 양손을 양 옆으로 펼쳐 보인다함께, 같이, 모두, 전체 → 청중과 친해지는 느낌
- 양손을 가슴 아래에서 잡는다감사함, 소망, 의지, 정성 → 공손하고 예의 바름
- 양손을 위로 향해 편 다음 배에서 가슴까지 올린다성장, 헌신, 희망, 진실, 의욕

공간 이동

공간 이동은 화제를 전환하거나 주위를 환기시키거나 강조를 하고 싶을 때 활용한다. 공간 이동은 프레젠테이션을 자연스럽게 연출해줄 뿐만 아니라 프레젠터에게 자신감을 불어넣어 준다.

공간 이동의 활용

- 특정인에게 다가간다질문을 할 때나 중요한 결론을 이끌어 낼 때.
- 청중 쪽으로 다가간다강조하고 싶은 내용이 있을 때.
- 스크린으로 다가간다청중의 관심을 자료에 집중시킬 때.
- 연단 좌우로 이동한다분위기를 환기시킬 때, 장면을 전환할 때.

목소리 구사

글로 커뮤니케이션하는 것과 달리 프레젠테이션은 목소리로 청중과 커뮤니케이션하는 기술이다. 프레젠테이션을 할 때는 목소리의 크기를 적절하게 구사하고 말의 속도를 천천히 한다.

단조로운 목소리가 되지 않도록 장단 고저를 적절히 활용한다. 발음을 정확하게 하고 무의미한 언어적 습관은 피한다. 가급적 표준어를 사용한다.

주의해야 할 나쁜 언어 습관

- 말이 잘 나오지 않을 때의 연결 말 → 저~, 어~, 으~, 음~, 라든가~
- 동의를 구하거나 신뢰감을 잃게 하는 말 → 즉각~, 일단~, 그렇죠, 그렇지 않습니까?
- 애매모호한 말 → 어쩐지~, ~일지 모릅니다, 아마~, 뭐라고 말씀드리면 좋을지~, 그러니까, 그게~

자세

자세는 자연스러움을 유지해야 한다. 몸을 흔들거나 자주 왔다갔다 움직이면 청중이 불안해한다.

좋은 자세로 서 있는 방법

- 청중을 정면에서 마주보는 바른 자세가 기본이다.
- 몸의 긴장을 풀고 두 발을 약간 벌린 자연스러운 자세를 취한다.
- 너무 차렷 자세는 어색해 보인다.
- 짝다리를 짚거나 건들거리거나 자주 움직이지 않는다.
- 손을 호주머니에 넣거나 뒷짐을 지지 않는다.
- 얼굴은 가벼운 미소를 띠고 자신감 있는 표정을 한다.

매체 활용은 보디랭귀지의 또 다른 형태다. 핵심 메시지를 가리키거나 청중의 시선을 모을 수 있는 기법이다. 적절한 매체의 활용은 프레젠테이션의 집중도를 높인다.

효과적인 매체 활용법

- 장시간 시각 자료에 의존하지 않고 설명하거나 내용 강조를 할 때는 스크린을 끈다.
- 레이저 포인트 사용 시 주의사항
    - 청중을 향해 비추지 않는다.
    - 사용이 미숙하면 프레젠테이션의 흐름이 끊긴다.
    - 여러 번 돌리는 등 지나치게 남용하지 않는다.
    - 강조하고자 하는 핵심 메시지를 가리킬 때만 사용한다.
- 빔 프로젝트는 반드시 사전 테스트를 한다.

프레젠터는 효율적인 보디랭귀지를 사용하여 프레젠테이션을 이끌어 가야 한다. 프레젠테이션에서는 강약 조절이 중요하다. 자신감 있는 표정, 강한 눈빛, 적절한 제스처, 목소리의 변화를 통해 강조함으로써 청중을 사로잡을 수 있어야 한다.

클로징(closing)은 명확하게

프레젠테이션의 마지막 단계인 클로징에서의 핵심 포인트는 다음과 같다. 질문의 의도를 명확히 파악하여 요점만 설득력 있게 답변하였는가? 핵심 메시지를 요약하고 감동을 남기는 클로징을 하였는가? 발표 시간을 준수하여 시간 내 종료하였는가?

클로징은 지금까지 발표한 내용을 정리하고 결론을 다시 한 번 강조하는 것이 핵심이다. 특히 주어진 발표 시간 이전에 끝내는 것이 중요하다. 시간을 맞추지 못하는 것은 프레젠테이션의 기본 자세가 아니다. 준비가 부족하다는 이야기다. 시간을 제대로 맞추지 못하면 전달하고자 한 모든 내용을 전달할 수 없다. 또 한 가지 중요한 것은 감동을 남기는 클로징 멘트를 준비하는 것이다. 발표 내용과 관련이 있는 책의 좋은 문구나 명언 등을 활용하는 것도 한 방법이다.

클로징 시 유의 사항

- 마무리를 암시하는 예고를 한 후 클로징한다.
- 앞에서 발표 내용을 정리하고 핵심 메시지를 다시 한 번 강조한다.
- 새로운 정보를 언급하지 않는다초점이 흐려진다.
- 짧게 끝낸다보통 2~3분.
- 인상을 주는 강한 메시지로 클로징한다행동 촉구, 인용 등.
- 끝까지 경청해 준 것에 대한 감사 메시지를 전한다.
- 끝내기 전에 자료를 챙기지 않는다.

프레젠터는 입, 눈, 표정 그리고 몸짓으로 말하는 드라마의 연기자와 같다. 언어적 요소와 비언어적 요소를 동원해 준비된 콘텐츠를 효과적으로 전달해야 한다. 청중에게는 입에서 나오는 언어가 아닌 몸에서 나오는 비언어적인 요소가 더 어필이 된다. 숨소리, 표정, 몸동작 하나가 프레젠테이션을 성공으로 이끌 수 있다. 전달하고자 하는 말은 표현을 분명하게 하라, 구체적으로 말하라, 간단하게 말하라, 일관성을 유지하라, 그리고 바르게 말하라. 베스트 프레젠테이션에서 가장 중요한 요소는 입, 눈, 표정 그리고 몸짓으로 말하기다.

질의응답은 성실하게

질의응답도 프레젠테이션의 한부분이다. 왜냐면 질의응답 시간에 실제 프레젠터의 전문성 여부가 판별되기 때문이다. 시간이 없는 경우는 생략을 해도 된다.

질문은 예/아니오 식의 답변을 요구하는 폐쇄형 질문과 다양한 형태의 답변이 가능한 개방형 질문이 있다. 개방형 질문은 청중의 주의 집중이나 적극적인 답변을 기대할 수 있다. 청중의 수준을 고려하여 질문하며, 특정인을 지목해서 질문할 경우 질문에 대답하지 못하면 마음의 상처를 입을 수 있으므로 주의해야 한다.

질문 받는 방법

- 질문 받는 동안 질문자를 향해 상체를 약간 구부리고 eye contact을 유지 하며 경청한다메모하면서 듣는다.

- 질문 내용을 정리하여 모두가 공유할 수 있게 전달 후 답변한다.

- 답변은 전체에게 하고 마지막으로 질문 당사자에게 이해 여부를 묻는다.

- 질문은 2~3개씩 한꺼번에 받아 일괄적으로 답변하는 것도 효과적이다 유사, 중복 질문 방지, 효율적 시간관리, 주도적 답변 가능.

난처한 질문에 대한 대응

- 절대로 감정적으로 대응하지 않는다.

- 논쟁에 휘말리지 않는다휴식, 종료 후 1대 1로 대응.

- 명백한 내용상의 오류는 가볍게 실수를 인정하고, 즉시 화제를 돌린다.

- 프레젠터의 책임, 권한 밖의 내용일 경우 의사결정권자인 제3자에게 미루 어 공식적인 입장은 유보하고 대신 개인적인 차원에서 대답한다.

- 질문 내용에 대한 적절한 대답이 준비되어 있지 못한 것을 솔직히 시인하 고 추후 답변을 약속한다.

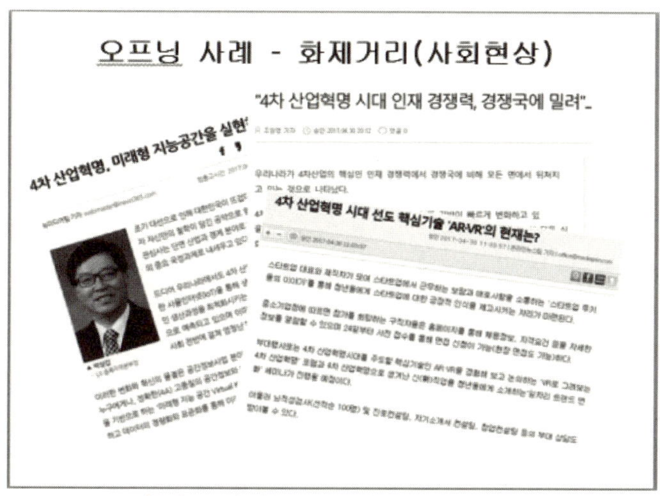

최근 뉴스의 이슈로 오프닝 멘트를 하는 사례

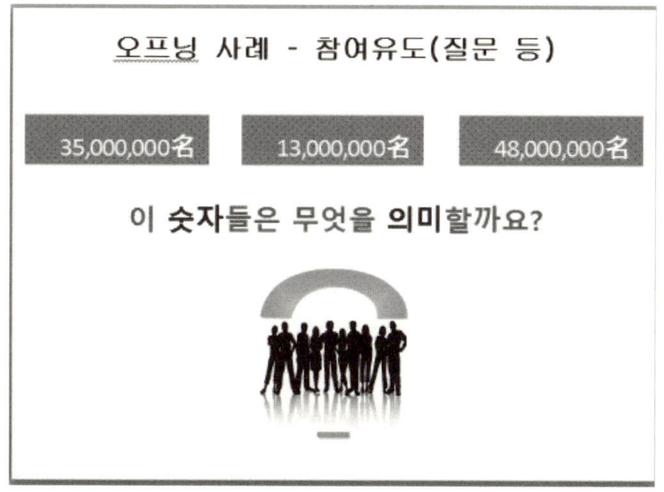

오프닝 멘트 시 숫자의 의미를 물어 청중의 집중도를 높이는 사례

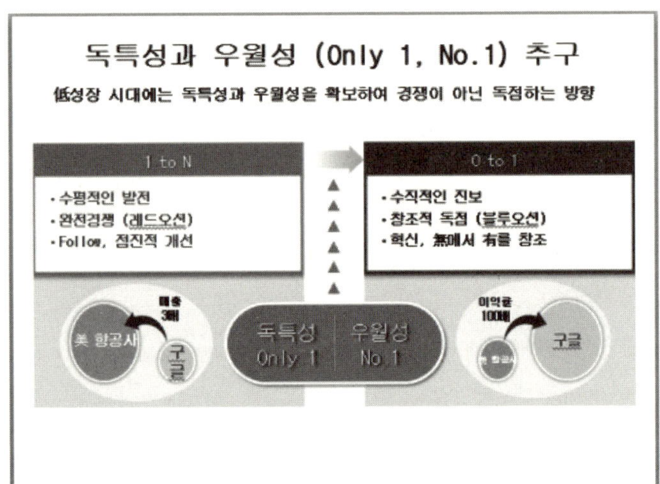

독특성(Only 1)과 우월성(No 1)을 도형과 그림을 통해 비교해서 표현

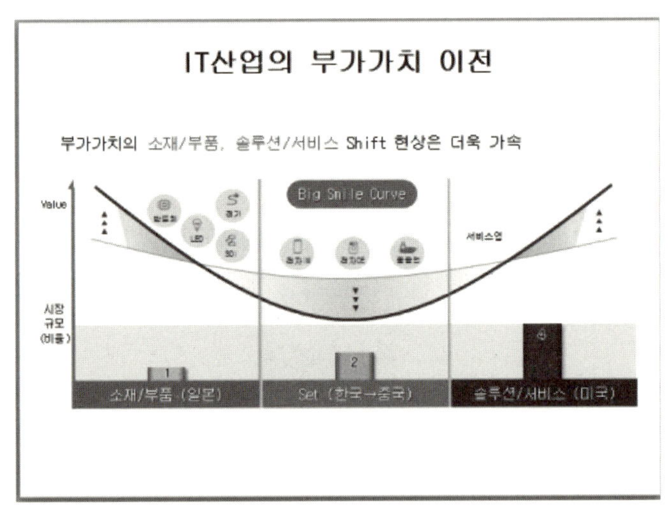

IT산업의 부가가치 이전을
소재/부품, SI. 솔루션/서비스로 비교해서 표현

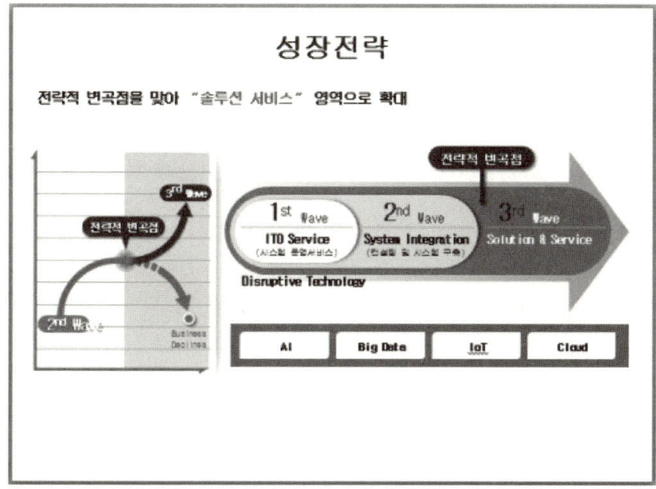

단계별 성장전략을 그림과 키워드를 결합해서 표현

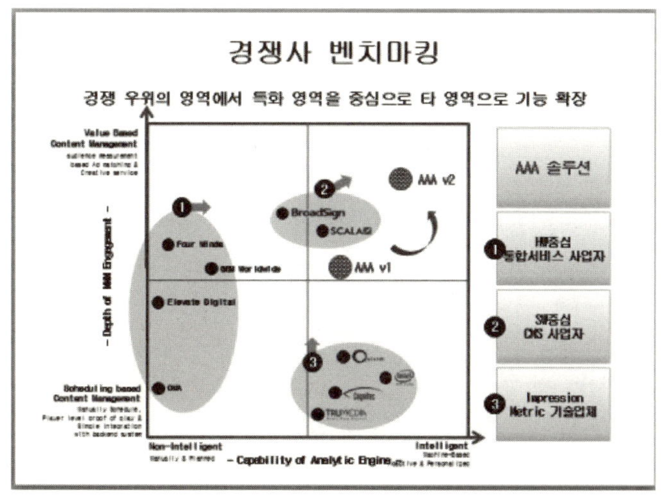

경쟁사를 성숙도 그룹으로 묶어서 표현

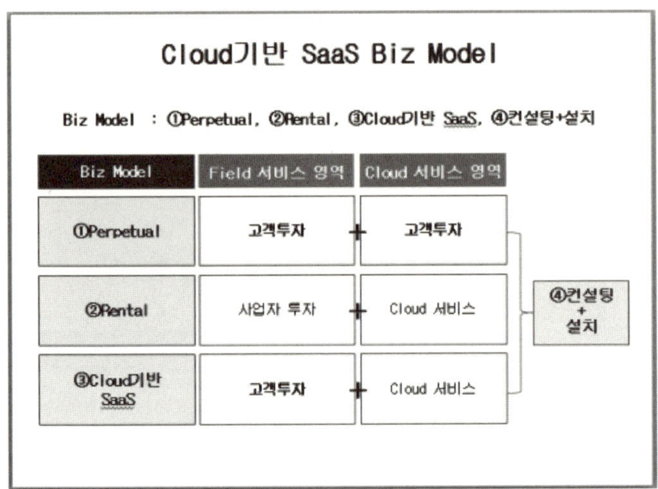

SaaS 모델을 비즈형태 별로 도형화 해서 비교분석

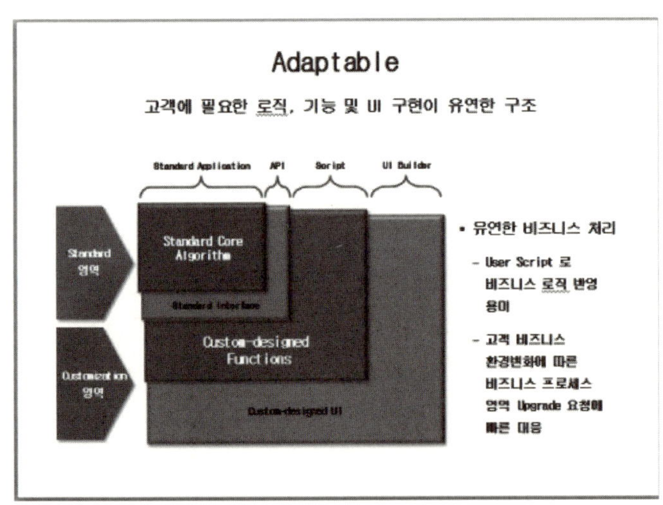

카테고리별 도형화 설명을 통한 표현

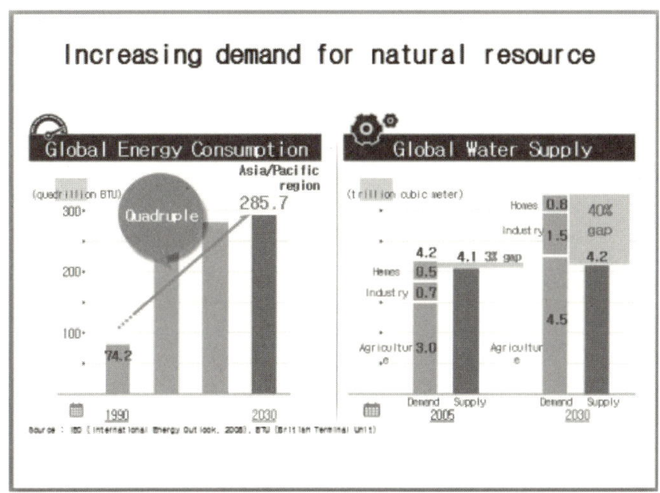

숫자를 그래프로 시각화를 통해 비교를 쉽게 표현

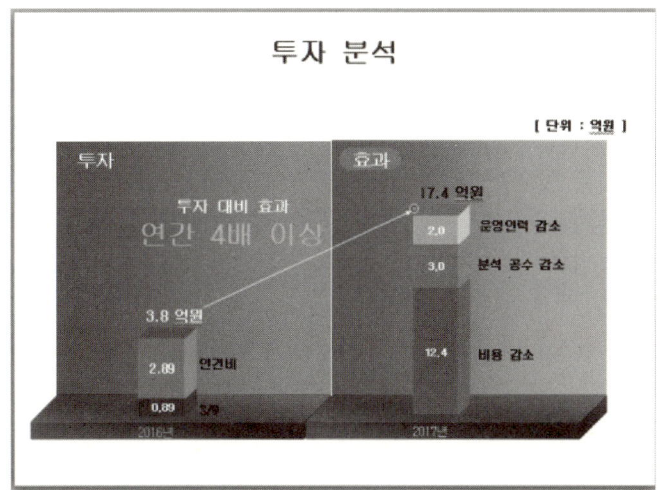

투자 전과 후를 막대 그래프를 통해 비교 분석해서 표현

4차 산업혁명이란

- 4間(空間–時間–人間–物間)속에 존재한 숨어있는 '가치'를 플랫폼 위에서 통합 및 융합시켜 해결함으로써 거대한 비즈니스를 창출

1차 산업혁명	2차 산업혁명	3차 산업혁명	4차 산업혁명
19 ~ 20 세기 초	19 ~ 20 세기 초	20 세기 후반	?
증기기관	전기	인터넷, 모바일	AI, IoT
기계 혁명	대량생산 혁명	IT 혁명	만물초지능 혁명
공간(空間)의 간격을 급격히 단축	시간(時間)의 간격을 급격히 단축 (밤/낮 구분을 없앰)	인간과 인간의 간격을 없앰	모든 사물간(物間)의 간격을 없앰 (인간↔물간)

산업혁명의 단계별 변화 내용을 비교해서 표현

우리 사회 리더십은?

- 생각의 부재, 언어의 부재, 꿈(비전)의 부재

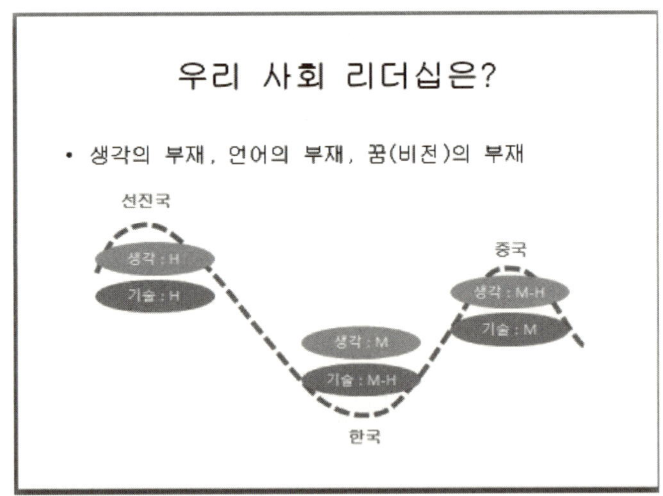

국가 간 리더십의 정도를 차트로 시각화해서 차이를 표현

책 속에 있는 명문장을 인용한 클로징 멘트 사례

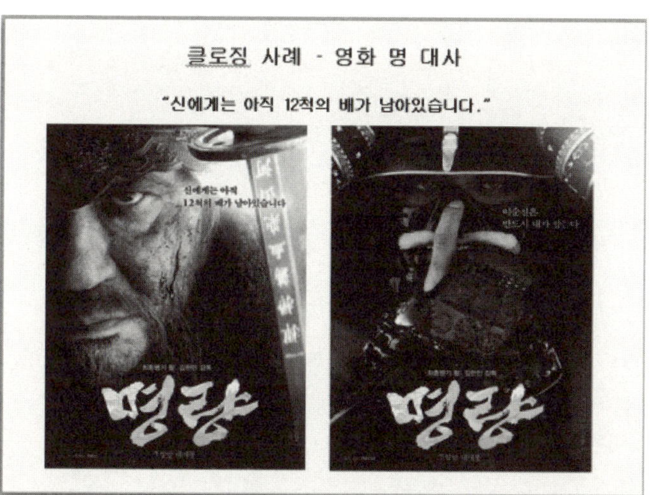

영화 명대사를 인용한 클로징 멘트 사례

베스트 프레젠테이션의 7가지 기술

PART 4

Technique 1 : 결핍

청중을 끌어당기는 힘

최고 품질의 포도는 어떻게 만들어지는가? 수분 없는 거친 환경이 필요하다. 포도나무로 하여금 생존 본능을 일으키게 함으로써 좋은 포도송이를 만들도록 유도해야 한다. 물기 하나 없는 돌덩어리 밭에서 고품질의 포도송이가 만들어진다. 포도나무 한 그루당 겨우 4~5송이의 포도를 수확하지만 이런 척박한 환경에서 최고 품질의 포도송이가 탄생된다.

품질 좋은 포도는 물기가 없는 척박한 땅에서 만들어진다. 물의 결핍에 의해 만들어진다. 네이버 국어사전에서 '결핍'이란 '있어야 할 것이 없어지거나 모자람'이라고 정의되어 있다. 『결핍이 에너지다!』의 저자 맹명관 교수는 "결핍이란 채울 수 있는 공간이며, 결핍은 궁핍이 아니라 기대다. 바닥을 치고 오르는 힘이다"라고 말했다.

2005년 6월, 스탠퍼드대학교 졸업식에서 스티브 잡스는 "저는 대학을 졸업하지 않았습니다"라는 말로 명연설을 시작한다. 이어서 그는 "항상 갈망하고, 우직하게 나아가라"라는 세기의 언어를 선포한다.

스티브 잡스의 연설은 전 세계인들에게 많은 감동을 주었으며 지금도 명연설로 남아 있다. 그는 결핍 속에서 새로운 창조를 만들어 낸 인물이었다. 그리고 그 결핍의 결과물은 전 세계 젊은이들을 열광시켰다.

청중을 끌어당기고 싶은가? 청중을 감동시키고 싶은가? 당신의 프레젠테이션에 결핍의 언어를 담아내라. 부족할수록 청중의 마음은 더 끌리게 되어 있다. 결핍은 희망과 용기의 또 다른 이름이다. 베스트 프레젠테이션은 바닥을 치고 오르는 반전이 있어야 한다. 결핍의 에너지를 담아내라. 가슴속 응어리를 풀어내는 힘을 얻게 된다.

어떻게 결핍의 언어를 담아낼 것인가?

그러면 프레젠테이션에서 어떻게 결핍의 기술을 담아낼 것인가? 몇 년 전 언론인 출신 서명숙은 테드에서 제주도 방언으로 '집으로 통하는 아주 좁은 골목길'을 뜻하는 '올레길'이 만들어지게 된 사연을 프레젠테이션했다.

"나는 23년 동안 전쟁 같았던 언론사에서 편집장으로 일하면서 특종에 매이는 힘든 생활, 고소를 당하기도 한 어려운 일을 겪으며 중독자로 살았다. 그러자 몸이 힘들어지기 시작했다. 특종에 집중한 나머지 주말에도 무슨 사건이 터질까 일에 몰두했다. '왕뚜껑'이라는 별명을 얻을 정도로 험한 욕을 입에 달고 살았던, 재수 없는 직장 상사였다. 몸과 심신은 망가졌다. 그러던 중 우연히 나의 고향인 제주도를 가게 되었다. 제주도에서 나는 내 안에 어린 아이가 울고 있는 것을 느꼈다. 도시가 뭐길래, 출세가 뭐길래…….

나는 자연이 주는 치유의 힘을 느꼈다. 걷기 시작했다. 나를 위해서 걷자. 하루에 오 분씩, 십 분씩, 한 시간씩 늘려가며 걷기에 중독이 되었다. 그리고 산티아고 길에 꽂혔다. 50대에 직장을 그만두고 산티아고 도보 여행을 떠났다. 나의 인생은 스스로의 감독이 필요했다. 나를 위한 휘슬을 불어야겠다고 다짐하며……「오마이뉴스」국장직을 그만두고 800킬로미터를 한 달간 걸었다. 길에서 많은 사람을 만났지만 중요한 것은 나 자신과의 만남이었다. 길에서 나를 만난 것이었다. 모든 기계로부터 벗어나 평화를 느끼며 자연으로 돌아갔다. 일 중독자로 살았는데…… 미움, 분노, 미운 동료, 고소했던 사람들을 모두 내려놓았다.

길에서 우연히 영국에서 온 여자를 만나 이야기를 나누던 중 중요한 소명도 받았다. 우리가 받은 이 행복을 나눠 주자, 각자의 나라로 돌아가 길을 만들자, 당신은 영국에서 나는 한국에서……. 그 영국 여자가 한 말이 충격적이다.

'너의 나라는 미친 나라야. 서울은 테러 시티다. 한국 사람은 정신없이 산다. 사람들이 미친 듯이 바쁘다. 자신들이 왜 이 길로 가는지도 모르고 산다. 한국은 죽을 때까지 경쟁하더라. 한국 사람들은 모든 게 보여 주기 위해 하는 일이더라.'

마지막 여정 길에 가이드가 '잇츠 피니스페레!'라고 외친다. 바다를 만났다. 평범한 바다였다. 그 바다를 보며 한국의 지친 영혼들을 위해 제주도에 길을 만들어야겠구나 생각했다. '잇츠 서귀포!!'라고 이야기하고 싶었다. 길을 만들어야겠다.

수많은 자원 봉사자들, 군인들이 올레 길을 만드는 데 도움을 주었다. 자연과 하나가 되는 길을 만들었다. 대기업 CEO, 예술가, 대학생들이 왔다. 처음에는 일에 지친 40~50대들이 많이 왔는데, 나중에는 젊은이들이 몰려왔다. 도시의 경쟁에서 상처를 받은 사람들이 몰려왔다. 그렇게, 튼튼한 운동화와 며칠 동안의 휴가만 있으면 여러분 자신을 만날 수 있는, 세계에서 가장 아름답고 평화로운 길이 만들어졌다."

이런 스토리로 서미순은 테드에서 제주 올레길이 만들어진 과정을 프레젠테이션했다. 그 안에는 한 편의 드라마 같은 감동이 있다. 언변이 그리 뛰어나진 않지만 가슴을 울리는 소리가 있다. 그 비결은 스토리에 결핍의 언어가 있었기 때문이다. 그는 한때 아주 잘나가는 언론인이었다. 지독하게 욕심도 많았고 일 중독자로 살았다. 그러다 보니 다른 사람을 배려하거나 자연의 고마움 그리고 진정 자신이 누구인지를 알지 못하고 살아온 것이다. 일 외에는 모든 것이 결핍된 삶이었다. 이런 결핍의 삶이 만들어 준 제주 올레길 이야기가 감동을 준다.

『결핍의 경제학』의 공동 저자인 센딜 멀레이너선, 엘다 샤퍼는 "결핍은 우리의 사고방식을 지배한다"고 이야기하고 있다. "어떤 자원이든 간에 자신들이 필요로 하는 것보다 적게 가졌다는 조건 때문에 늘 힘겨운 투쟁을 해야만 하는 모든 사람들에게 비슷한 심리 현상이 유발된다는 사실을 입증한다"는 것이다.

비어 있어야 채울 수 있다. 결핍은 희망을 품고 있는 가능성이다. 한계를 받아들이면 가능성이 열린다. 『결핍을 즐겨라』의 저자 최준영은 "삶이란 수많은 결함과 결핍을 지녔습니다. 하지만 어쩔 수 없는 그 결함과 결핍 속에서도 자신만의 낙관과 긍정을 찾아 나서는 것, 그것이 바로 몽테뉴가 실천했고 우리가 실천해야 할 삶의 자세입니다"라고 강조하고 있다.

결핍은 희망과 용기의 또 다른 이름이다. 세계에서 뛰어난 브레인들을 배출한 민족, 주요 경제인들의 대다수가 속해 있는 유대인의 저력은, 자신들의 치부와 결핍을 끊임없이 되새기고 이를 발전시키는 데서 나온다. 유대인은 유월절이 되면 어김없이 이집트에서 해방된 그날의 사건을 기념한다. 자신들의 결핍을 기억하고 미래의 희망을 캐내려는 끈질긴 인내와 의지의 표현이다. 아픈 기억이지만 나라를 잃고 전 세계에 흩어졌던 경험은 유대인들을 어떤 환경에서도 잘 적응하도록 만들었다. 결핍은 유대인을 끈질기게 노력하고 위험과 실패를 감수하며 학습을 두려워하지 않는 민족으로 키워 냈다. 그래서 결핍은 희망과 용기의 또 다른 이름일 수 있는 것이다.

결핍은 청중을 끌어당기는 힘이 있다. 성공하는 프레젠테이션은 청중을 끌어당기는 힘이 있다. 나는 학교, 직장, 사회에서 수많은 프레젠테이션을 직접 하거나 보면서 살아왔다. 모두가 프레젠테이션을 잘할 수는 없다. 그중에 프레젠테이션을 잘하는 사람의 특징들이 있다. 감동을 주는 프레젠테이션에는 결핍의 언어가 녹아 있다는 것이다. 결핍의 언어가 성공하는 프레젠테이션을 만든다. 결핍의 언어는 청중의 가슴을 움직이게 만든다. 결핍을 아는 프레젠터가 판을 바꾼다. 성공한 프레젠테이션의 비결은 바로 '결핍의 언어'에 있다.

원하는 답을 찾게 하는 힘

'피그말리온 효과'는 희망이나 믿음, 간절함이 절실하면 행동에 긍정적인 영향을 미쳐 꿈이 현실로 이루어진다는 의미를 가지고 있다. '키프로스의 사랑'이라고 하면 떠오르는 것이 「그리스 신화」에 나오는 키프로스의 왕 피그말리온이다. 조각가이기도 한 그는 마음에 차는 여인이 없어 자신이 직접 이상적이고 완벽한 여인상을 만든 뒤 극진한 사랑을 쏟았다. 이에 감복한 사랑의 여신 아프로디테가 그가 조각한 여인상을 인간으로 탄생시켜 부부의 연을 맺게 한다. '피그말리온 효과'는 여기에서 유래한 말이다.

간절함이 절실하면 꿈이 현실로 이루어진다는 것이다. '간절하다'의 사전적 의미는 '정성이나 마음 씀씀이가 더없이 정성스럽고 지극하다, 마음속에서 우러나와 바라는 정도가 매우 절실하다'이다. 프레젠테이선을 한다는 것은 프레젠터나 청중의 꿈을 이루어 가는 과정이다. 꿈은 아무나 꿀 수 있다. 하지만 그 꿈을 이루는 것은 간절함이다. 간절한 마음이 결과를 만든다. 베스트 프레젠테이션에는 간절함의 언어가 담겨야 한다. 콘텐츠가 아무리 좋은 프레젠테이션이라도 간절함이 담긴 프레젠테이션을 이길 수 없다. 간절함이 담기지 않으면 청중의 마음을 흔들 수 없다.

『간절함이 열정을 이긴다』의 저자 곽재선은 "같은 차선에서는 앞사람을 추월할 수 없다. 남을 따라 하지 말라. 남과 다른 길을 가라. 일을 시작했으면 끝장을 보자는 얘기를 자주 한다. 물은 99도에서 끓지 않는다. 99도나 0도나 물이 끓지 않기는 마찬가지다. 반면 99도에 이르기까지는 많은 에너지가 투입되었다. 그 상태에서 1도를 높여 100도까지 가 봐야 한다. 그렇지 않으면 99도까지 들어간 에너지가 너무 아깝다. 고생과 노력은 다 들어갔다. 원가는 이미 다 들어갔다. 그런 상황에서는 어떤 결과물을 만들어 내야 한다. 그렇지 않으면 수고한 보람이 없다"라고 말하고 있다. 간절함이 있어야 100도에서 물을 끓일 수 있다는 것이다.

입찰 제안 프레젠테이션은 1등만을 선택한다. 2등은 의미가 없다. 1등이 되기 위해서는 간절함이 담겨야 한다. 1등과 2등은 간절함의 차이다. 간절하지 않으면 아무것도 얻지 못한다. 간절함의 차이가 승리를 부른다.

나는 공공사업을 하면서 수많은 제안과 프레젠테이션을 경험했다. 입찰에서 성공도 했고 실패도 경험했다. 지금 생각해 보면 아슬아슬한 상황들이 많았다. 승리한 제안에는 간절함이 있었고, 실패한 제안에는 간절함이 덜 했던 것 같다.

초기 공공사업 시절 나는 법무부의 사업 제안에 참여한 적이 있다. 이 제안은 삼성SDS가 만든 솔루션을 가지고 SIsystem integration, 시스템 통합사업형태로 사업을 제안하는 방식이었다. 나로서는 우리가 만든 솔루션을 팔아야 하는 간절함도 있었고, 내가 제안한 공공사업에서 최초로 수주를 해야 하는 간절함도 있었다. 경쟁사에 비해 쉽지 않은 상황이었다. 나는 제안 설명회 자료를 간절한 마음으로 준비했다. 그리고 수주를 따냈다.

프레젠테이션에 간절함을 담는다는 것은 무슨 말인가? 제안 프레젠테이션은 제안 프레젠테이션일 뿐인데 거기에 무슨 개인적인 간절함을 넣는다는 말인가? 내가 혼자 하는 제안도 아닌데 어떻게 꼭 수주하고야 말겠다는 간절함을 넣는다는 것인가? 법무부 제안 프레젠테이션을 준비하면서 나에게는 반드시 수주하겠다는 간절함이 있었지만 이 소망은 이루어질 수 없는 추상적인 것이었다. 소망은 그저 희망일 뿐이다. 희망을 꼭 달성하겠다는 꿈으로 바꿔야 성취할 가능성이 생긴다. 그 당시 나의 마음 자세는 수주하면 좋고 실패해도 그만이라는 정도가 아니었다. 단순히 희망 사항 정도의 열정이 아니었다. 희망 사항에 간절함이 더해져야 꿈이 된다. 나는 결국 꿈을 이루었다.

간절함이 답이다

역사상 성공했던 수많은 사람에게 부와 명예는 그들이 추구한 절대 가치가 아니었다. 그들에게는 불가능해 보이는 것들을 가능하게 만드는 간절함이 있었다. 상황에 대해 불평하는 대신 '이 길을 반드시 뚫고 나가겠다'는 열망으로 자신을 채우고 구체적인 방법을 찾기 시작했다. 간절함의 실행 원리에 따라 자신만의 꿈을 향해 한 발 한 발 움직인 결과, 그들은 꿈을 현실로 만들어 냈다. 간절함이 클수록 앞에 놓인 한계는 작게 보인다.

프레젠테이션에 간절함을 담으면 원하는 것이 이루어진다. 프레젠터가 이야기하는 꿈이 청중에게도 전달된다. 꿈이 분명하다면 목표를 세우는 것은 복잡한 일이 아니다. 다시 말해, 프레젠테이션에 간절함을 담는다는 것은 목표를 분명히 하는 작업이다. 목표를 분명히 전달할 때 성공할 확률이 높다. 지금 하는 일이 내 것이 되어야 가능하다.

프레젠테이션에서 간절함은 나의 꿈만 담는 것이 아니다. 청중 또는 고객의 간절함도 담아낼 줄 알아야 한다. 내가 중국에서 하이테크 기업을 대상으로 글로벌 사업을 할 때였다. 한번은 LCD TV 생산으로 유명한 중국 광둥성 후이저우 시에 있는 TCL 본사를 방문하여 비즈니스 프레젠테이션을 하게 되었다.

2012년 당시 TCL은 일본의 소니를 제치고 세계 3위의 TV 매출을 올리고 있었다. 그들의 목표는 최고의 품질로 세계 1위 업체가 되는 것이었다. 다시 말해, 그들에게는 글로벌 전자업체를 넘어서야 하는 간절함이 있었다. 나는 그들의 간절함을 파악하여 프레젠테이션 자료에 '글로벌 No. 1'에 이르는 내용을 담았다. 회의에 참석한 TCL 측 임원들을 포함한 실무자들의 반응은 대단했다.

베스트 프레젠테이션에는 간절함이 담겨져야 한다. 프레젠터의 간절함만이 아닌 청중의 간절함도 녹여 넣어야 한다. 반드시 이루리라는 간절함을 담아야 한다. 간절함의 차이가 성공의 크기를 만든다.

『간절한 목표가 인생을 바꾼다』의 저자 백금기는 "간절한 목표를 정하고 그 목표를 향해 하루하루 나아간다면 뜻밖의 세상을 만날 수 있을 것"이라고 자신 있게 말한다. 가장 중요한 것은 간절함의 정도가 어느 정도냐에 따라서 생각하고 고민하고 실천하는 행동력은 달라질 수 있다는 점이다. 그는 "그래서 간절함의 크기를 키워야 필요 없는 행동을 줄일 수 있다"라고 이야기하고 있다. 간절함의 정도에 따라 실천력이 달라진다.

간절함이 상상력을 현실로 만든다. 프레젠테이션에서 간절함을 담는 것이 쉽지는 않다. 간절함을 담기 위해서는 프레젠테이션의 분명한 목표가 정의되어야 한다. 목표에는 희망 사항이 아닌 명확한 꿈이 있어야 한다. 희망에 간절함이 더해지면 꿈이 된다. 꿈에 시간이 더해지면 목표가 된다.

「하버드 비즈니스 리뷰」의 조사에 따르면 글로벌 기업의 최고경영자들의 80퍼센트가 그들의 성공을 자신의 '직관에 따른 행동'으로 믿고 있다. 국내 기업 창립자들도 이성적인 판단이나 분석이 아닌 본능적인 감각과 직관력에 의존하여 사업을 성공시켰다. 그들은 그 답을 얻기까지 자신이 원하는 것을 마음속으로 간절히 찾았고, 그것을 위해 스스로의 에너지를 집중하는 과정을 거쳤던 것이다.

간절함이 답이다. 프레젠테이션에서 간절함은 원하는 답을 찾게 하는 힘이 있다. 간절함은 청중을 이끄는 강력한 힘이다. 베스트 프레젠테이션에서는 이루고 싶은 간절함을 강하게 담아야 행동으로 옮기게 할 수 있다. 제 아무리 많은 일을 해도 표현하지 않으면 좋은 평가를 받을 수 없듯이, 아무리 좋은 콘텐츠를 가지고 있고 말을 잘해도 간절함이 없으면 청중의 공감을 살 수 없다. 청중의 공감을 살 수 없다면 프레젠테이션의 목표를 달성할 수 없다. 이루고 싶은 간절함이 강해야 청중으로 하여금 행동하게 만들 수 있다. 어떠한 목표도 행동으로 옮기지 않는다면 의미가 없다. 모든 것은 간절함의 차이다. 간절함의 차이가 성공을 부른다. 간절함이 상상을 현실로 만든다. 간절하면 모든 것이 이루어진다. 간절함의 언어를 담아내야 베스트 프레젠테이션이 된다.

Technique 3 : 가치

청중을 움직이게 만드는 힘

사람들은 각기 자기 생각을 표현하면서 살아간다. 소리로 표현하는 사람들이 있는가 하면 글로 표현하는 사람들이 있다. 그림으로 표현하는 사람들도 있다. 몸짓으로 표현하는 이들도 있다. 각자 자신들이 잘할 수 있는 방법으로 자기 생각을 표현하며 이를 업으로 삼거나 소통하며 살아가고 있다. 프레젠테이션은 이런 네 가지 표현을 아우르며 가치를 더하는 일이다. 프레젠테이션에 가치가 없으면 그저 소리에 지나지 않는다.

위키백과에 의하면 "가치는 일반적으로 좋은 것, 값어치·유용·값을 뜻하며, 인간의 욕구나 관심을 충족시키는 것, 충족시키는 성질, 충족시킨다고 생각되는 것이나 성질을 말한다"라고 되어 있다.

『프로의 경지』의 작가 고미야 가즈요시는 "사람을 움직이는 것은 가치관이다. 사람은 이론으로 움직이지 않는다. 마음을 움직여야 비로소 움직인다. 즉 상대를 보고 마음을 읽어 전체 상황을 판단하고 다른 사람이 공감할 수 있는 가치관을 제시해야 한다”라고 이야기하고 있다.

이는 이론이 아니라 마음에 호소하라는 뜻이다. 프레젠테이션도 마찬가지다. 가치를 담아야 청중의 마음을 움직일 수 있다. 가치란 자신이 중요하게 생각하는 것의 우선순위를 체계화한 것이다. 가치는 편익들의 묶음이다. 프레젠테이션에서 가치는 청중의 니즈와 프레젠터의 니즈를 이해하는 데서 출발한다. 현재 청중이 처해 있는 문제가 무엇인지, 그들이 해결하고자 하는 이슈들은 무엇인지, 그들의 관심사를 끌어내야 한다. 그리고 프레젠터가 그에 따른 어떤 편익을 제공할지를 가치로 엮어 내야 베스트 프레젠테이션이 될 수 있다.

매력적인 프레젠테이션에는 가치와 재미가 공존한다. 청중이 바쁜 시간을 할애해 참석할 만큼 가치를 제공하는 프레젠테이션이 되어야 한다. 프레젠테이션의 콘텐츠는 시선의 끝이다. 시선은 마음의 끝이고 마음의 끝은 가치다. 가치를 담아야 진정으로 고객을 설득할 수 있다.

충성도가 높은 기업들이 놀라운 성과를 내는 것도 같은 맥락이다. 이런 기업들은 가치를 중시하기 때문이다. 프레젠테이션에서도 가장 먼저 고려해야 할 요소는 청중이 프레젠터의 이야기를 수동적으로만 받아들이는 존재가 아니라는 것이다. 청중은 나름대로 가치관과 지식 체계를 가지고 있다. 청중은 자신이 알고 있는 이슈나 자신의 이익과 결부된 문제에 대해서는 반발을 할 수도 있다. 그래서 프레젠터는 청중이 원하는 것을 파악해 그에 상응하는 가치를 제공해야 한다.

청중을 이끄는 파워, '가치'

나는 4년 전 중국 기업 화웨이를 대상으로 1년 정도 비즈니스를 하면서 많은 프레젠테이션을 했다. 화웨이는 네트워크 장비 분야에서 미국 시스코 사에 이어 두 번째로 큰 글로벌 기업이다. 이들은 '중국의 삼성'이라고도 불리며 대단한 자긍심을 가지고 있는 회사다. 나는 프레젠테이션을 하기 위해 광둥성 선전 시에 있는 화웨이 본사를 방문했다. 본사는 규모도 클 뿐만 아니라 숲속에 있는 궁전처럼 보였다. 사무실에 들어서니 여기저기에 외국인들과 같이 일하는 직원들의 모습이 보였다. 외국인은 유럽이나 미국 등지에서 채용된 직원들이었다.

대회의실에서 프레젠테이션 준비를 하고 있는데, 직원들이 구름처럼 몰려들었다. 그 큰 회의실이 금세 다 찼다. 프레젠테이션 중에 그들은 노트북에 무언가 키 인을 하고, 노트에는 무언가를 열심히 적었다. 질문도 쏟아지고 자기들끼리 무언가 이야기도 한다. 한 차례가 아닌 몇 차례 프레젠테이션을 해도 같은 현상이 반복되었다. 잠시 내가 신입 사원이던 시절 일본 기술을 배우러 일본 기업을 방문해 공부하던 기억이 났다. 이들은 왜 여기에 모였을까? 그들을 모이게 한 것은 '가치' 때문이었다.

당시 화웨이는 스마트폰 비즈니스에 두각을 나타내기 위해 노력하는 중이었고, 네트워크 사업 등 여러 분야에서 사업을 진행 중이었다. 사업

장도 중국 내뿐만 아니라 해외에도 있었다. 그들의 목표는 미국이나 한국 등을 제치고 글로벌 넘버원이 되는 것이었다. 나의 프레젠테이션의 핵심은 '3 One'이었다. 글로벌 No. One 기업이 되기 위해서는 구성원, 조직 문화, 시스템이 하나가 되어야 한다는 것과 그 방법을 설명했다. 그들은 '3 One'이라는 가치에 관심을 가지는 듯했다.

이처럼 청중은 가치가 있으면 모이고, 반응하고, 움직이게 되어 있다. 화웨이를 대상으로 비즈니스를 하면서 가장 중요하게 생각한 것은 현재 그들의 이슈는 무엇이고, 해결해야 할 문제들은 무엇인지를 파악해 어떤 가치를 제공할 것인가 하는 것이었다. 만약 가치를 제공하지 못한다면 고객은 절대 다시 찾지 않을 것이기 때문이다.

『가치를 사는 소비자 공감을 파는 마케터』의 저자 김지현은 "소비자는 제품이 아닌 가치를 산다. 우리 시대의 소비자는 이렇게 제품이나 서비스만을 구매하지 않는다. 소비자는 제품이 아니라 가치를 산다. 따라서 마케팅은 더 이상 어떤 제품과 서비스를 제공할지를 알리는 것만으로 성공할 수 없다. 중요한 것은 소비자가 추구하는 가치에 대한 통찰과 공감이다"라고 이야기하고 있다. 브랜드 전략의 시작과 중심에는 바로 '소비자가 공감할 수 있는 가치'가 있어야 한다는 것이다.

일본 작가 무라마츠 다츠오는 "고객의 80퍼센트는 비싸도 구매한다"라고 말한다. 이는 그의 책 제목이기도 하다. 소비자는 가격보다는 그 상품이 가지고 있는 가치를 산다는 말이다. 프레젠테이션도 하나의 상품이다. 청중이 바쁜 자기 업무를 제쳐 두고 모이는 이유는 자기 업무보다 더 높은 가치를 얻기 위해서다. 만약 청중이 가치를 얻지 못했다면 다시는 당신을 찾지 않을 것이다. 프레젠터는 가치를 전달하는 전도사가 되어야 한다. 가치를 창출하는 전문가가 되어야 한다.

프레젠테이션의 진정한 성공은 그 안에 프레젠터가 추구하는 '가치'가 담겨 있느냐에 의해 결정된다. 사람의 본질은 그가 가지고 있는 생각, 즉 가치관에 있다. 프레젠터는 이런 본질을 잘 파악해 그 안에 가치를 녹여내야 한다. 기업에는 숫자와 관련된 의사결정과 가치와 관련된 의사결정이 공존한다. 그러나 인생사에서 만나는 중요한 문제들은 '가치'와 관련된 것들이 더 많다. 청중은 이런 가치를 발견했을 때 꿈틀거린다.

시골에서 논농사를 지을 때는 물이 아주 중요하다. 농부들은 수로를 만들어 물 관리를 한다. 논에 물을 댈 때는 바가지로 퍼나를 수도 있고, 물레로 퍼올릴 수도 있다. 이런 작업은 너무 힘들다. 넓은 논에 한 바가지, 두 바가지 물을 퍼서 대는 일은 시간도 많이 걸리고 노동 비용도 많이 들어간다. 그래서 논두렁에 물꼬를 튼다. 수로와 논을 연결하는 통로를 만들어 물을 대는 것이다. 그러면 그 넓은 논에 물을 쉽게 댈 수 있다.

여기서 물꼬에 해당하는 것이 '가치'다. 가치를 담은 말이 물꼬를 트는 것이다. 변화를 이끌어 가는 것이다. 가치를 이야기하는 프레젠터만

이 청중을 유혹할 수 있다. 성공하는 사람들의 프레젠테이션 비결은 바로 그 안에 '가치'가 녹아들어가 있다는 것이다. 이 가치가 청중과 마음을 연결하고, 마음이 연결된다는 것은 청중을 움직인다는 것이다.

청중을 이끄는 진짜 파워는 '가치'다. 진정한 성공을 이룬 상위 1퍼센트 프레젠테이션의 핵심은 가치다. 당신은 청중을, 세상을 유혹할 수 있는 더 큰 가치를 가지고 있는가? 프레젠테이션의 본질은 테크닉이 아니라 가치다. 청중이 프레젠테이션을 듣기 위해 모이는 이유는 새로운 지식 또는 가치를 찾기 위해서다. 가치가 없는 프레젠테이션은 그저 허공에 스치는 바람일 뿐이다. 테크닉만을 강조하는 책들이 많다. 그래서인지 사람들은 헛된 곳에 힘을 낭비하고 있다. 파워포인트로 자료 만드는 데만 힘을 쓰거나 발표 자료에 진한 화장을 하는 데 시간을 낭비한다. 프레젠테이션은 화장 기술이 아니다. 가치를 담는 기술이다. 가치가 청중을 움직이게 만들기 때문이다.

나(청중)를 움직이게 하는 힘

『성공하려면 상승기류를 타라』의 저자인 시인 용혜원은 사람은 다섯 가지 유형이 있다고 이야기하고 있다.

1. 열정을 스스로 태우는 사람
2. 다른 사람이 동기 부여를 해야 열정이 생기는 사람
3. 때에 따라 열정을 불태우는 사람
4. 전혀 열정이 없는 사람
5. 다른 사람의 열정마저 끄는 사람

이 중에 상승 기류를 타고 성공하는 사람은 '열정을 스스로 태우는 사람'이라는 것이다. 성공을 꿈꾸는 사람에게 열정은 중요한 특성이다.

열정이란 어떤 일에 열렬한 애정을 가지고 열중하는 마음이다. 식지 않는 열정은 거침없이 질주하는 자들이라면 모두 가지고 있는 성향이다. 성공하려면 모든 열정을 다 쏟아 부어야 한다. 물은 99도에서 끓지 않는다. 1도의 열정이 더해져 100도가 되어야 끓는다. 성공의 열쇠는 바로 열정이다.

우연한 계기로, 나는 4년째 우리나라 300대 명산에 도전하고 있다. 멤버들은 같은 직장 동료들이다. 우리는 매주 토요일이면 산으로 향한다. 1년에 50개 산을 간다고 해도 6년이 걸리는 긴 여정이다. 겨울 눈보라가 쳐도, 여름의 폭염에도 나는 매주 토요일이면 산으로 향한다. 이제는 몸에 배인 일상이 되었다. 총 300개 중 80여 개 남은 것 같다.

내가 산에 가는 이유는 두 가지다. 첫째, 산을 좋아해서다. 정확히 말해, 산에 가는 것을, 산에 오르는 것을, 산에서 사색하는 것을 좋아한다. 내가 산을 좋아하는 이유는 산을 가기 위해 계획을 세우고 준비하면서 삶의 활력을 얻을 수 있기 때문이다. 또한 산의 들머리에서 정상까지 힘들게 오르면 정상에서 희열을 느낄 수 있다.

산은 나에게 언제나 새로운 풍경들, 사람들, 꽃들, 나무들, 바람들, 마을들을 만나게 해주고 나에게 말을 걸어와 준다. 잠시나마 도시 속의 복잡한 생활을 떠나 마음의 평정을 찾을 수 있게 해준다. 한 주간 쌓였던 스트레스를 내려놓을 수 있다. 복잡한 심경도 내려놓고 올 수 있다. 일상에서 고민했던 풀어야 할 일들을 나무, 꽃, 바람, 구름, 하늘과 대화를 하며 정리할 수 있다. 한 걸음 한 걸음 걸으면서 흘리는 땀방울은 나에게 건강을 준다. 또한 마음의 무게와 몸의 무게도 내려준다.

둘째, 내가 산에 가는 이유는 열정이 있기 때문이다. 나는 한때 일 중독자였다. 일 욕심 때문에 밖의 세상을 보지 못하고 오직 일로써 경쟁하고 승부하며 살아왔다. 잦은 야근에 주말에도 쉬지 않고 일했다. 그러다 보니 스트레스와 피로가 누적되어 건강도 나빠졌다. 평일에는 잦은 술자리로 몸무게는 90킬로그램까지 육박했고, 일을 통해서만 원하는 목표를 이루려는 꿈에는 한계가 있다는 것을 깨달았다. 그래서 '300대 명산 등정'이라는 목표를 세우고 하나씩 정복해 나갔다.

물론 쉽지 않은 길이었다. 몇 번이고 포기하고 싶었다. 산을 다니기 전에는 일이 우선순위였던 만큼 주말에도 출근하는 일이 잦았다. 그러나 이제 초점을 산으로 맞추니 일보다 산에 가는 것이 우선순위가 되었다. 결과적으로 심신이 건강해졌고 업무 효율도 더 높아졌다.

내가 이렇게 포기하지 않고 산을 가는 이유는 열정이 있기 때문이다. 아무리 꿈이 크고 목표가 원대하더라도 열정이 없으면 달성하지 못한다. 프레젠테이션도 마찬가지다. 열정이 없는 프레젠테이션은 성공할 수가 없다. 프레젠테이션은 청중에게 열정을 불어넣는 제트 엔진과 같은 것이어야 한다. 열정은 자신과 다른 사람들의 정신에 강한 영향을 미치며, 마음을 강하게 움직이는 힘의 일종이다. 열정은 일을 즐겁게 하고, 역경을 이겨 내게 하며, 타인을 움직이는 원동력이다.

『경영의 미래』의 저자 게리 해멀은 기업의 성공에 공헌하는 인간의 능력 단계를 다음 여섯 가지로 분류하였다.

1. 열정 35퍼센트 : 장애물을 뛰어 넘으며 포기하지 않는다.
2. 창의성 25퍼센트 : 호기심이 많고, 어리석은 말을 많이 한다.
3. 추진력 20퍼센트 : 항상 새로운 방법을 모색한다.
4. 지성 15퍼센트
5. 근면 5퍼센트 : 책임감을 가지고 손쉬운 방법이나 지름길을 찾지 않고 양심적이며 체계적으로 일한다.
6. 복종 0퍼센트

여기서 중요한 것은 기업도 마찬가지로 성공에 공헌하는 능력으로 가장 필요한 것은 '열정'이라는 것이다. 실제 열정이 있으면 어떤 어려운 상황도 극복할 수 있다. 프레젠테이션에는 이런 열정의 언어를 담아내야 한다.

열정은 자신감이며 용기다

30대 중반 무렵 미국 아라마크의 한국 법인 아라코에서 프로젝트 매니저 일을 할 때다. 미국 아라마크는 캐이터링 분야의 세계적인 기업이었다. 내가 맡은 임무는 아라코에서 사용하는 전 시스템을 재구축하는 것이었다. 업무를 분석하고 설계가 끝나갈 무렵 미국 본사에서 IT 감리 책임자가 감사를 위해 한국에 들어왔다. 그들은 여러 가지를 조사했고, 제시된 금액과 기간으로는 프로젝트를 완성할 수 없다는 결론을 내렸다. 나와 고객의 카운터 파트너는 가능하다고 이야기했으나 그들은 이해하지 못했다.

감리 결과를 사장님에게 보고하는 과정에서 이슈가 보고되었고, 사장님은 설계 내용을 좀 더 보강해 다시 검토하자는 중재안을 냈다. 나는 설계 보안 작업 후 예산과 일정을 확정받기 위해 미국 필라델피아에 있는 아라마크 본사로 날아갔다.

나는 일주일 간 본사 IT 감리 책임자에게 설계 내용을 프레젠테이션했다. 그리고 열띤 토론을 벌였다. 그들은 어느 정도 호응했으나 예산과 기간이 내가 제시한 것보다 세 배는 많이 잡아야 가능하다는 의견을 내놓았다. 그때 내가 한 말은 "당신은 '합리'가 있지만 나는 '열정'이 있습니다. 당신은 하루에 여덟 시간 일하지만 나는 하루에 스물네 시간 일합니다. PM으로서 책임지겠습니다"였다. 서툰 영어로 열정을 다해 의지를 피력한 결과 가까스로 승인이 떨어졌다. 이처럼 열정은 합리를 이긴다. 나는 열정으로 한계를 극복했다. 당시 IT 감리 책임자는 내 눈빛에서, 내 몸짓에서, 내 언어에서 열정을 읽었던 것이다.

귀국 후 나는 프로젝트를 마무리하기 위해 말 그대로 하루 스물네 시간 일하는 심정으로 매달렸다. 예상했던 대로 난관이 많았지만 일은 성공적으로 마무리되었고, 이후 나는 필라델피아 강변이 보이는 멋진 레

스토랑에서 그 책임자와 랍스터 요리를 먹을 수 있었다.

열정의 언어는 프레젠터의 태도에 달려있다. 프레젠터는 세상과 맞설 때는 겸손보다는 적극성과 열정을 내뿜을 준비가 되어 있어야 한다. 당당함과 열정은 두말할 것도 없이 자존감에서 나온다. 자존감이 강한 사람은 도전하는 삶을 살고, 높은 성취를 위해 고통을 피하지 않고 인내하며 도전한다.

열정은 자신감이며 용기다. 끌림이자 실천력이다. 나를 움직이게 하는 힘이다. 나를 움직일 수 있어야 청중을 움직일 수 있다. 베스트 프레젠테이션에는 열정의 기술을 담아내야 한다. 뜨거운 열정을 가지고 계속 갈망하며 우직하게 밀고 갈 수 있어야 한다. 어떤 한계에도 굴하지 않아야 한다. 진짜 성공하는 프레젠테이션을 하는 사람들은 실패를 두려워하지 않고 열정적으로 도전을 즐긴다. 열정이 없는 프레젠테이션은 그저 청중이 이끄는 대로 흘러가기 쉽다. 하지만 열정이 있는 프레젠테이션은 자신의 레시피대로 청중을 요리한다. 성공하는 프레젠테이션과 성공하지 못하는 프레젠테이션을 구분 짓는 것은 바로 열정의 크기다.

Technique 5 : 몰입
99퍼센트 차이를 만드는 1퍼센트

"그림은 몰입에서 오는 오르가슴이다."

미술평론가 손철주가 『꽃피는 삶에 홀리다』에서 한 말이다. 인도의 명상가 오쇼 라즈니쉬는 몰입의 순간이 얼마나 황홀했던지 이를 가리켜 "우주적인 오르가슴"이라고 말한다. 이러한 '우주적인 오르가슴'을 한 번이라도 느낀 사람은 그 만족감과 황홀감에 취해 마치 중독된 사람처럼 일에 몰입하고, 연구에 취하게 된다. 2차적인 보상인 성공과 성취는 자연스럽게 따라오는 열매일 뿐이라고 말한다. 이 오르가슴을 느끼는 경지인 몰입에 이를 때 우리는 지금까지 하지 못했던 생각과 새로운 관점들을 보게 된다.

위키백과 사전에 의하면 "몰입은 주위의 모든 잡념, 방해물들을 차단

하고 원하는 어느 한 곳에 자신의 모든 정신을 집중하는 일이다. 몰입하는 사람의 심리 상태는 에너지가 쏠리고, 완전히 참가해서 활동을 즐기는 상태다. 본질적으로, 몰입은 한 가지에 완전히 흡수되는 것을 나타낸다"라고 되어 있다. 몰입은 시간 가는 줄 모르는 것, 어떤 활동에 빠져든 상황에서 자각하지 못하는 것, 다시 말해, 어느 한곳에 미쳐 있는 상태다.

베스트 프레젠테이션에서 왜 몰입의 기술이 필요한가? 이유는 간단하다. 다른 사람과 똑같이 생각하고 똑같이 프레젠테이션하면 성공할 수 없기 때문이다. 몰입의 기술을 통해 다른 사람과 다르게 생각하는 힘으로 1퍼센트 차이를 만들어야 한다. 비즈니스 경쟁 프레젠테이션 세계에서는 1등만이 살아남는다.

2년 전 사우디아람코 사에서 발주한 KACWC ITS & M 사업의 제안에 참여했을 때의 일이다. 사우디 세계문화센터는 도서관, 박물관, 영화관, 과학관, 학습관, 미술관 등이 사막 한가운데 건설된 디지털 복합문화 시설이다. 이 사업은 이 시설을 통합적으로 운영하는 사업으로 규모가 500억 정도 되었다. 우리는 미국, 사우디, 인도 업체와 경쟁 중이었다. 원가, 기술 그리고 지리적 측면에서 매우 불리한 상황이었다. 우리는 이길 수 있는 방법을 찾아야 했다.

몇 명이서 팀을 꾸려 몰입에 들어갔다. 경쟁업체의 강점·약점도 분석했다. 발주사의 니즈, 페인 포인트 그리고 밸류 프로포지션도 분석했다. 처음에 만든 제안 콘셉트는 발주사의 니즈보다 더 잘하겠다는 의미로 'More ITS & M'이었다. 그런데 이렇게 콘셉트를 잡고 보니 생각의 범위가 작아지는 것 같았다.

우리 팀은 몰입 작업 끝에 ITS & M을 넘어 그 이상이라는 의미로 'Beyond ITS & M'으로 제안 콘셉트를 바꾸었다. 이렇게 바꾸자 새로운 관점의 생각들이 보이고 새로운 가치와 대안들이 눈에 보이기 시작했다. 단순 기술 운영과 품질 관리 관점이 아닌 공간 관리부터 고객 서비스 관리를 통한 사람이 모이는 공간의 가치를 발견했고 이를 프레젠테이션에 담아 어필했다. 우리는 기술 평가 점수에서 1등을 차지했다.

만약 프레젠테이션 자료를 만들 당시 사우디아람코 사에서 요청한 내용만을 기반으로 만들었다면 미국, 인도 등 경쟁사들과 다른 생각을 담을 수 없었을 것이다. 몰입력은 상위 1퍼센트밖에 사용하지 않았던 능력이다. 이런 1퍼센트의 차이가 승자와 패자를 만든다. 특히 글로벌 비즈니스 세계에서는 더욱 그렇다. 물론 대중을 상대로 프레젠테이션을 하는 것도 마찬가지다. 1퍼센트의 차이가 한 사람의 운명을 결정할 수도 있다.

프레젠테이션을 성공적으로 이끌기 위해서는 청중의 호기심과 궁금증을 불러일으켜 마지막까지 몰입하도록 만들어야 한다. 성공하는 프레젠테이션을 하는 사람은 한순간 높은 곳에 오르는 것이 아니다. 그들은 몰입을 통해 남이 하지 못한 생각을 담는다. 몰입은 창조적 사고를 가능하게 하는 원동력이다.

다이너스클럽의 신용카드 개발 프로젝트 일을 할 때다. 당시 우리나라는 카드업이 초기 단계였고 기술력도 부족한 시절이었다. 우리는 뉴질랜드 업체의 소프트웨어를 도입해 커스터마이징하기로 하고 그들과 같이 프로젝트를 진행했다. 그러나 국가 간 법적, 제도적, 문화적 이슈 등 많은 문제가 발생했다. 우리는 심각한 토론을 벌였고 대안을 찾기 위해 노력했다.

나는 한국 문화에 맞는 요구가 반영되어야 한다고 주장했고 그들은 그 요구가 받아들여지면 본래 카드업의 가치가 무너진다고 맞섰다. 나의 요구가 받아들여지지 않는다면 시스템 오픈 일정을 기약할 수 없었기에 우리는 기로에 섰다.

당시 우리 모두 현재 수행하고 있는 범위 내에서만 이슈를 바라보고 논의를 하다 보니 문제가 풀리지 않았다. 나는 그들과 저녁 식사 중에 그들이 한국에서 프로젝트가 끝나면 이 경험을 바탕으로 중국을 포함한 아시아로 진출한다는 정보를 입수했다. 그리고 몰입을 통해 아시아권으로 나간다면 같은 문화권이기 때문에 같은 문제가 발생할 것이라 예측했다. 시야를 좀 더 넓혀 보니 기존에 볼 수 없었던 생각과 대안이 만들어졌다. 나는 책임자를 불러 프레젠테이션을 진행했고 결국 그들을 설득하는 데 성공했다. 그들이 보지 못한, 그들에게 이익이 되는 해법들을 제시함으로써 그들의 호기심을 자극한 것이다.

주변에서 일어나는 이슈들을 해결하는 일이 어려운 것은 기존 생각의 틀에서만 문제를 바라보기 때문이다. 다른 차원의 생각을 찾아내면 문제는 쉽게 풀린다. 이런 해법을 제시하는 프레젠테이션을 하기 위해서는 목표만 생각하고 그 이외의 것들은 과감하게 포기해야 한다. 그리고 생각하지 못했던 1퍼센트 차이를 찾아 프레젠테이션에 담아내야 한다.

몰입의 기술을 이용한 프레젠테이션은 지금까지 보지 못했던 다른 차원의 생각을 끌어내는 일이다. 이런 다른 차원의 생각이 상호 간 이익으로 나타나 윈-윈 게임이 되는 것이다.

『몰입』의 저자 황농문 교수는 "행복과 성공을 위한 새로운 패러다임, 일에 미치지 말고 생각에 미쳐라"라고 이야기하고 있다. 또 그는 "1분밖에 생각할 줄 모르는 사람은 1분 걸려서 해결할 수 있는 문제밖에 못 푼다. 60분 생각할 수 있는 사람은 그보다 60배나 난이도가 높은 문제를 해결할 수 있으며, 10시간 생각하는 사람은 600배나 난이도가 높은 문제를 해결할 수 있다"라고 말한다. 베스트 프레젠테이션은 이런 해결 방안을 제시하는 것이다.

'미친다'는 것은 무엇인가? 한 가지에 깊이 파고들어 그 무엇인가에 완전히 빠지는 몰아지경, 즉 몰입과 같은 말이다. 한 가지에 미치는 것, 몰입이야말로 우리의 인생을, 우리의 운명을 바꾸어 놓는 강력한 힘이다.

지금은 프레젠테이션이 능력이 되는 시대다. 아무리 많은 경험과 전문 지식을 가지고 있다 해도 제대로 표현하지 못한다면 죽은 경험이고 죽은 지식이다. 당신은 성공의 길과 실패의 길 중 어느 길을 바라보고 있는가? 성공의 길을 걷고자 한다면 프레젠테이션 역량에 투자해야 한다. 경쟁자들과 월등한 차별화를 가지려면 몰입의 프레젠테이션을 준비해라. 당신의 가치는 훌쩍 높아질 것이다.

프레젠테이션은 1퍼센트의 싸움이고 1퍼센트의 차이를 만드는 게임이다. 하나의 가슴에 남는 핵심 메시지를 만드는 일이다. 명언은 그냥 만들어지는 것이 아니다. 몰입의 기술 또한 남과 다르게 생각하기에서 만들어진다. 이 하나가 99퍼센트를 이긴다. 99퍼센트를 잘해도 하나를 넘지 못하면 2등으로 전락한다. 비즈니스 프레젠테이션의 세계에서 2등은 의미가 없다.

다른 사람과 똑같이 생각하고 프레젠테이션을 해서는 결코 성공할 수 없다. 99퍼센트 차이를 만드는 1퍼센트 프레젠테이션! 미칠 정도로 멋진 프레젠테이션을 하라. 당신의 역사는 몰입의 프레젠테이션이 만들어 간다. 무한 경쟁 시장에서 어떤 사람이 살아남는가? 답은 간단하다. 몰입한 사람만이 살아남는다. 베스트 프레젠테이션은 몰입에서 오는 오르가슴이다.

다르게 생각하는 힘

"인문학이 없이는 상상력이나 창의성이 없다."

『인간이 그리는 무늬』의 저자 최진석의 말이다. 인문학은 문학, 역사 그리고 철학을 아우르는 학문이다. 문학은 언어의 수사적 기법을 사용하여 감동의 형식으로 인간이 그리는 무늬의 정체를 알게 해준다. 역사는 사건의 시간적 계기를 재료로 삼아 인간이 그리는 결의 정체를 알게 해준다. 철학은 명증한 범주와 개념들로 세계를 포착하여 그것들의 관계 및 변화에 대한 분석을 통해 인간의 동선을 알게 해준다. 인문학은 주체적인 삶 그리고 행복과 밀접한 관계가 있는 학문이다.

문화관광부 장관을 지낸 이어령 교수는 인문학은 말의 힘으로 세계를 지배하는 학문이라고 했다. 자본의 힘은 경제력이지만 말의 힘은 새로움, 창조력, 상상력의 원천이다. 이처럼 어느 분야에 인문학을 버무리는 능력이 인문력이다. 프레젠테이션도 마찬가지다. 청중이 원하는 것에 자신이 알고 있는 것을 더하고, 인문력을 더해 버무리는 것이다. 그래서 어떤 새로운 대안을 제시하는 것이다.

코엑스에서 한국소프트웨어협회와 전자신문사에서 주관한 콘퍼런스에 참석해 '지식 관리 시스템'이라는 주제로 발표를 한 적이 있었다. 그 콘퍼런스는 여러 개의 세션으로 나뉘어 진행되었고 프레젠터도 여러 명이었다. 대부분 IT 관련 업체에서 종사하는 사람들이 참석하는 자리였다. 물론 프레젠터들도 IT 관련 기술, 솔루션, 사례 등을 들고 나와 발표했다. 어떤 내용으로 발표를 할지 고민하던 나는 결국 최신 기술 동향, 시스템 구축 사례 등을 주제로 프레젠테이션을 준비했다. 밖에서는 솔루션 전시도 진행되고 있고, 수백 명이 참석하는 자리다 보니 분위기는 어수선할 수밖에 없었다.

나는 단순히 IT 기술만 아니라 인문력을 더해야겠다는 전략을 세우고 건축학에서 나오는 아키텍처 개념을 버무려 프레젠테이션을 준비했다. 사실 어떤 분야의 콘퍼런스나 세미나를 참석하면 대부분 비슷한 이야기로 가득하다. 차별성이 없는 것이다. 나는 당시 '지식'에 대한 정의도 다음과 같이 인문학적으로 내렸다.

"꽃이 꿀을 품고 있으면 소리쳐 부르지 않아도 벌들은 저절로 찾아온다.

어디에 힘을 쓸 것인가? 내 속에 꿀을 만들 것인가? 아니면 소리쳐 부르는 것에 힘을 쓸 것인가? 우리 기업들의 진지한 고민이 필요한 시점이다.”

여기서 꿀이란 '지식'을 말하고, 소리쳐 부르는 것은 그 '지식'을 관리하는 도구를 말하는 것이었다. 그 당시 사람들은 '지식'은 뒤로하고 그것을 담는 도구에만 매달리고 있었다. 내가 프레젠테이션에 인문력을 동원한 이유는 진실을 보라는 의도에서였다. 아마 청중은 이 문구만 머릿속에 남았을 것이다.

『탁월함이란 무엇인가?』의 저자 이재명은 “세상에 없는 것을 만들어 내는 내공이 인문학적 성찰이다. 세상에 없는 것을 만들어 내려면 인문학적 성찰이 절대적으로 필요하다. 인문학적 성찰이 없으면 베끼기로 경쟁할 수밖에 없다”라고 이야기하고 있다. 인문학적 성찰이 없으면 스토리는 없고 일만 있다. 스토리가 없으면 재미가 없다. 스토리가 있으면 감동을 준다. 이렇게 프레젠테이션은 인문력을 버무려 스토리를 만들고 청중에게 감동을 주어야 한다.

인문력은 향기가 되어 청중을 매료시킨다

삼성SDS는 업종상 직원들의 프레젠테이션 역량이 중요한 회사로 매년 말에 베스트 프레젠터 선발 대회가 있다는 것은 앞에서도 언급했다.

나는 우연한 기회에 예선전에 참가하게 되었고, 예선-본선을 거쳐서 연말 왕중왕전에 진출했다.

발표 콘셉트를 어떻게 잡을까 고민하던 중 나는 인문력을 버무리기로 결정했다. 참석자들이 IT 기술을 하는 사람들이라 그들의 속성상 콘텐츠가 거의 비슷할 것이라 예측했기 때문이다. 제목은 '정부 기관의 지식 경영 구축 전략'이었고, 제목만 보면 재미있는 주제는 아니었다. 당시만 해도 '지식 경영'이라는 말은 상당히 추상적이고 어려운 개념이었다. 물론 관리도 어려운 분야였다. 기업이나 정부 기관에서는 '지식'을 관리하기 위해 많은 도구를 만들어 직원들에게 독려를 했지만 실제적인 효과는 별로 없었다. 즉 본질에서 벗어나 있는 상황이었다.

나는 박성배 교수가 쓴 책『몸과 몸짓의 논리』의 체와 용의 논리를 발표 자료에 버무리기로 했다. 여기서 '체'는 몸이라는 말이고, '용'은 그 몸의 작용이라는 말이다. 이 논리의 핵심은 "믿음직한 몸짓은 튼튼한 몸에서 나올 수 있다. 그런데도 사람들은 자신의 허약해진 몸은 돌보지 않고 몸짓만을 튼튼한 듯 꾸미려 한다"는 것이었다. 속은 착하지 않으면서 착한 척하거나, 사랑하지도 않으면서 사랑하는 척하거나 한다는 것이다.

몸이 없는 몸짓은 없다. 몸짓은 몸이 보내는 신호일 뿐이다. 즉 몸짓은 겉으로 나타난 것이니 일시적으로 조작할 수 있다는 것이다. 몸짓이야 이럴 수도 저럴 수도 있는 것인데, 사람들은 온통 몸짓 꾸미는 데에만 정신을 쏟고 거기에 집착하여 막상 중요한 몸이 상하는 줄 모르고 있다는 것이다. 체용의 논리의 핵심은 몸짓보다 몸이 더 중요하다는 사실을 깨닫는 것이다.

나는 이 몸과 몸짓의 논리를 그대로 프레젠테이션 시나리오에 버무렸다. 몸과 몸짓의 논리를 설명하면서 몸은 '지식'에, 몸짓은 '지식 관리 도구'에 비유했다.

"지식이 없는 도구는 의미가 없습니다. 도구는 지식을 전달하는 수단일 뿐입니다. 즉 도구는 겉으로 나타난 것이니 상황에 따라 조작하면 됩니다. 도구야 이렇게 만들 수도 있고, 저렇게 만들 수도 있는 것임에도 사람들은 온통 도구를 만드는 데에만 마음을 쏟고 거기에 집착하여 막상 중요한 지식이 있는 줄 모르고 있습니다. 핵심은 도구보다 지식이 더 중요하다는 사실을 깨닫는 것입니다. 구글을 보십시오. 구글을 들어가면 첫 화면에 검색 키워드를 넣을 수 있는 칸 하나밖에 없습니다. 그러나 전 세계인들은 열광적으로 구글에 접속합니다. 그것은 도구가 좋아서가 아닙니다. 지식이 있어서입니다."

이것이 그 당시 나의 프레젠테이션의 주요 핵심 내용이었다. IT 기술에 인문력을 버무린 것이다. 나는 이 프레젠테이션으로 단 한 명밖에 뽑지 않는 본선에 진출해 연말 왕중왕전에 출전했고 회사가 인정하는 공식 베스트 프레젠터가 되어 패와 상금을 받았다.

'광고라는 미디어를 통해 사람들과 소통하는 방법을 찾는 일'을 하는 광고인 박웅현은 인문학을 버무려 광고를 만드는 인물이다. 박웅현의 광고를 보면 인문학적인 창의력이 돋보인다. 〈KTF적인 생각〉이나 〈사람을 향합니다〉, 〈진심이 짓는다〉 시리즈의 광고들이 특히 더 그렇다. 인문학은 인간을 연구하는 학문이고 그 지향점은 지켜야 할 가치를 찾는 것이다. 그렇다면 '인문학적'이라는 말은 '인간에 대한 통찰력을 바탕으로 한 가치 지향적'이라는 뜻이 된다.

프레젠테이션도 마찬가지다. 지향점도 사람을 향해 있다. 프레젠테이션도 사람과 소통하는 방법을 찾는 일이다. 인간에 대한 통찰력이 없이는 아무런 가치를 찾을 수 없다. 프레젠테이션에 인문력을 더해 새로운 것을 만들어 내는 것, 이것이 창의력이다.

인문력은 다르게 생각하는 힘이다. 비빔밥은 밥을 주재료로 다른 재료들을 섞은 것이다. 어떤 재료를 넣느냐에 따라 각기 다른 비빔밥이 탄생한다. 야채를 넣으면 야채 비빔밥이 되고, 소고기를 넣으면 소고기 비빔밥이 된다. 콩나물을 넣으면 콩나물 비빔밥이 된다. 인문력은 새로운 것을 창조하게 한다. 프레젠테이션은 창의성을 담아내는 그릇이다. 각 개인이 가진 지식과 경험에 인문력을 넣어 버무릴 때 새로운 것이 만들어진다.

앞으로 사람들의 경쟁은 더욱 심화되고 차별성은 사라질 것이다. 비슷한 환경, 비슷한 경험, 비슷한 지식은 무의미해질 것이다. 차별화를 위해서는 인문력이 필요하다. 인문력이 없는 프레젠테이션은 단순한 소리에 지나지 않지만 인문력이 있는 프레젠테이션은 향기가 되어 청중을 매료시킬 것이다.

Technique 7 : 긍정

기적을 낳는 힘

2014년에 개봉된 「명량」이라는 영화가 한국 영화 사상 최초 1,700만 명 이상의 관객을 돌파했다. 이 영화는 이순신 장군의 명량대첩을 그리고 있다. "신에게는 아직도 열두 척의 배가 있습니다. 죽고자 하면 살 것이요, 살고자 하면 죽을 것이다"는 말은 이순신이 남긴 명언이다.

명량대첩은 정유재란 때인 1597년 9월 16일 이순신이 명량에서 일본 수군을 대파한 해전이다. 열두 척밖에 없는 아주 어려운 상황에서도 희망을 잃지 않고 부하들에게 용기를 심어 대승을 거둔 해전이다. 그것은 이순신의 '긍정의 힘'을 보여 준 대표적인 사례다. 이처럼 긍정은 기적을 낳는다.

긍정이란 무엇인가? 『인생이 술술 풀리는 긍정 심리학』의 저자 사이토 이사무는 "사물을 올바르게 판단하고 미래를 밝고 희망적으로 바라보는 자세를 뜻한다"라고 했다. 긍정이란 사물을 얼마나 낙관적으로 생각할 수 있는가 하는 능력이라고도 할 수 있다. 긍정적인 사람은 어려운 상황에서도 새로운 기회를 만든다. 성공하는 사람은 긍정적인 마인드를 가지고 있다.

마찬가지로 프레젠테이션에는 긍정의 언어를 담아야 한다. 승리의 언어로 말해야 한다. 성공한 사람들의 공통점을 보면 긍정적이고 적극적인 말을 한다. 목표한 일에 대한 성과가 당장 눈에 보이지 않더라도 나중에 현실로 나타날 것을 굳게 믿는다. 부정적인 사람은 확실한 기회가 주어져도 그에 대한 위험 요소만 보지만 긍정적인 사람은 어떤 어려움이 닥쳐도 그 안에서 기회를 본다.

『끌리는 말에는 스토리가 있다』의 저자 이서영은 마음을 사로잡는 설득 노하우 다섯 가지를 이야기하고 있다.

1. 진심을 전하라.
2. 당신만의 설득 플랜을 디자인하라.
3. 긍정의 메시지를 담아라.
4. 욕구를 자극하라.
5. 자신부터 설득하라.

긍정은 사람의 마음을 사로잡는 좋은 방법이다. 사람들은 긍정적인 말을 하는 사람보다 부정적인 말을 하는 사람을 멀리 하게 되어 있다. 부정적인 말은 불행의 씨앗이고 성공을 가로막는 장애물이다. 부정적인 말을 하는 사람과 같이 있으면 자신도 모르게 부정적 사고에 물이 든다. 그러나 긍정적인 언어는 자신감을 주고, 가능성을 주고, 또 다른 기회를 불러온다.

세상을 바꾸는 것은 긍정의 언어이다

교육청에서 발주한 업무 관리 시스템 구축 사업의 제안 PM을 맡을 때였다. 그 당시 사업 규모가 250억으로, SI 사업으로는 큰 규모였다. 물론 후발 주자로 경쟁사에 비해 많은 어려움을 안고 있었다. 나는 프레젠테이션 중에 가장 어려운 프레젠테이션이 제안 프레젠테이션이라 생각한다. 제안 PM으로 제안 작업의 전반을 이끌어 가야 했다. 더 중요한 것은 제안 설명회 준비였다. 제안 프레젠테이션을 위한 전략을 세우고, 발표 자료를 만들고, 발표 리허설을 시행했다.

제안 발표 하루 전에는 최종 리허설이 진행되는데, 리허설은 제안 PM에게는 피가 말리는 작업이다. 제대로 할 때까지 반복 작업을 하기 때문이다. 제안 작업은 짧게는 한 달에서 수개월이 걸리기도 한다. 사업 규모에 따라 많은 인력이 동원되고 비용도 많이 들어간다. 만약 실수라도 하게 되면 지금까지의 모든 노력이 수포로 돌아간다.

최종 리허설이 있던 날, 사장님을 제외한 부사장님을 비롯해 주요 임원들 그리고 관련자들이 모두 모였다. 실제와 똑같은 상황이라는 가정 아래 최종 리허설이 진행되었다. 나는 긴장한 가운데 발표를 시작했다. 마지막 장에서 세계 최고로 높은 빌딩인 두바이의 '부르즈 칼리파' 사진을 보여 주며 다음과 같은 멘트로 리허설을 마무리했다.

"일반 건축가는 건물을 만듭니다.
철학을 담은 건축가는 세기를 넘는 감동의 예술품을 만듭니다.
16개 시도교육청의 업무 특성을 반영하고,
52만 명 교원의 편의성을 고려한 업무 관리 시스템 구축!
삼성SDS 컨소시엄이 함께 하겠습니다."

잠시 정적이 흐르고 난 후 부사장님이 긍정의 말씀 한마디를 하셨다. "약간 명확하지 않은 발음 몇 군데만 조심하면 되겠다. 자, 이렇게 가자."

원래 리허설이 끝나면 문제점과 그에 따른 개선책을 강구하는 일이 뒤따른다. 대개 이런 후속작업이 제안 PM을 힘들게 만든다. 그러나 그날은 부사장님의 긍정의 말 한마디로 모든 것이 정리되었고 그 한마디는 나에게 엄청난 용기를 주었다. 긍정의 힘은 프레젠테이션을 성공으로 이끄는 단 하나의 열정이 된다.

긍정적인 말의 힘은 신뢰받는 사람을 만드는 습관이다. 성공적인 인간관계는 달변가가 아닌 긍정적인 사람이 맺는다. 사람들은 많은 관계에 얽혀 살아가고 있다. 이런 관계가 좋으면 행복한 삶을, 그렇지 못하면 불행한 삶을 살게 된다. 행복한 삶을 위한 좋은 관계 맺기의 비결은 긍정의 언어다. 사람들은 부정적인 언어를 사용하는 이들을 기피한다. 프레젠테이션도 마찬가지다. 긍정의 언어를 사용했을 때 청중은 더 열광하게 된다.

　나에게는 아내 외에 평생을 같이 가야 할 세 명의 여인이 있다. 그녀들은 모두 긍정의 언어를 사용하는 사람들이다. 모두 내 건강을 책임지는 사람들이다. 첫째는 L영상의학과의원의 K내과 전문의다. 나는 매년 이 병원에서 종합 검진을 받고 있다. 검진을 받기 전에는 혹시 내 몸에 무슨 병이라도 생긴 건 아닌지 겁이 많이 난다. 그러나 결과를 받고 나면 1년은 안심하고 살아간다. 주기적으로 K선생님을 찾아가 상담을 하고 진료도 받는다. 그녀의 긍정의 말 한마디 "수치 좋습니다. 자, 이대로 쭉 갑시다"가 나에게 용기를 주는 긍정의 언어다.

　둘째는 집 근처에 있는 S치과의 원장님이다. 내 치아를 담당하시는 젊고 실력 있는 원장님은 자신감과 열정도 있어 보인다. 갈 때마다 언제나 환한 미소와 친절이 기분 좋게 만든다. "치석만 잘 관리해도 건강한 치아를 가질 수 있습니다"라는 원장님의 긍정의 말이 좋다. 평소 치과 가기를 무척 꺼렸지만 지금은 완전히 바뀌었다.

　마지막으로 내가 자주 가는 미용실 원장님이다. 나는 원래 머리숱이 많고 약간 곱슬머리라 머리가 조금만 길어도 부스스하니 보기가 좋지 않은 머릿결을 가지고 있다. 평소 내 머리 스타일을 읽고 알아서 잘 잘라 주던 원장님이 한번은 "머리가 많이 빠지셨네요. 예전에는 많았는데. 나이가 드니 어쩔 수 없죠. 자연스러운 현상이에요"라고 말했다. '자연스러운 현상'이라는 긍정의 말이 나이 들어 서글픈 마음에 용기를 준다.

이처럼 긍정의 말은 내 생활에 활력을 불어넣는다. 긍정 에너지는 자신이 마음먹은 대로 이 세상을 살아가게 하는 힘이다. '긍정적인 사람은 비행기를 만들지만 비관적인 사람은 낙하산을 만든다'라는 말이 있다. 프레젠테이션에도 긍정의 언어를 담아내야 성공할 수 있다.

긍정의 말이 기적을 낳는다. '말 한마디가 천 냥 빚을 갚는다'라는 말이 있다. 그만큼 사람의 말이 중요하다는 의미다. 긍정의 언어는 강하다. 긍정은 기적을 낳고 성공으로 가게 하는 열쇠가 되어준다. 프레젠테이션은 청중에게 꿈을 심어 주는 일이다. 『긍정의 말이 기적을 낳는다』의 저자 김영탁은 "긍정의 말을 많이 하게 되면 나 자신은 물론 주위 사람들도 긍정적으로 바뀌게 되지만 부정의 말을 많이 하게 되면 그와 반대로 나 자신과 주위 사람들 모두를 부정적으로 만들게 된다"라고 이야기한다.

프레젠테이션에서 하는 언어는 청중에게 기쁨과 희망을 주기도 하지만 큰 실망을 남길 수도 있다. 베스트 프레젠테이션에는 긍정의 말로 가득하다. 세상을 바꾸는 것은 긍정의 언어이기 때문이다. 프레젠테이션에서 긍정이란 가능성을 발견하는 능력 그 이상의 힘을 준다.

당신의 위치를
결정하는 프레젠테이션

PART 5

프레젠테이션이 당신의 위치를 결정한다

프레젠테이션으로 나를 차별화하자

대학생, 프레젠테이션이 취업을 결정한다

직장인, 프레젠테이션이 승진과 연봉을 결정한다

사업가, 프레젠테이션이 소득을 결정한다

전문가, 프레젠테이션이 가치를 결정한다

프레젠테이션 하나로 인생이 바뀐다

프레젠테이션이 당신의 위치를 결정한다

지금은 '직장인 2.0' 시대다. 직장인 2.0은 내가 최초로 사용한 용어다. 직장인 1.0은 현재의 직장인이다. 직장인 2.0은 직업인이다. 직장인은 시키는 일을 하는 사람이고 직업인은 자기가 하고 싶은 일을 하는 사람이다. 직장인은 만들어진 업무에 자신을 맞추는 사람이고 직업인은 자신이 업을 만드는 사람이다. 직장인은 시간에 매달려 살지만 직업인은 시간을 자기가 원하는 대로 주무르는 사람이다. 직장인은 인풋만 하는 사람이지만 직업인은 아웃풋을 창출하는 사람이다.

나는 30년 가까이 두 대기업 집단에서 일하며 직장인으로 살아왔다. 과거를 돌아보면 나 역시 회사라는 조직이 만들어놓은 규칙에 맞추어 그들이 시키는 일만 하며 살아온 것 같다. 승진하기 위해 그들이 만들어놓은 평가 기준에 나를 맞추어 모든 것을 던졌다. 그리고 두 집단에서는 나를 활용하기 위해 많은 교육 기회를 제공했다. 수많은 지침들을 내렸고 경영 계획·사업 계획 달성이라는 명목 아래 주어진 많은 업무를 묵묵히 수행했다. 어떻게 보면 나는 그 안에서 생존을 위해 수많은 인풋 가운데 살아온 것이다. 그것은 '조직의' 결과물이었지 '나의' 성과물이 아니었다. 그저 '직장인'으로 살아온 것에 불과했다. 집을 사고, 결혼을 하고, 두 아들을 낳아 키우는 등 그저 그렇게 살 만한 정도가 된 것에 불과했다. 주위에서는 일류 대기업에서 부장 정도의 직급이면 성공한 것이 아니냐 말하는 이도 있다. 과연 그럴까?

직장인이 성공하기는 힘들다. 성공한다 해도 먹고살 정도이지 큰 성공은 할 수 없다. 그러나 직업인은 성공의 길을 가는 사람들이다. 직업인은 프레젠테이션의 달인들이다. 직업인이 되어서 프레젠테이션을 잘한 것이 아니라 프레젠테이션을 잘해서 직업인이 된 것이다.

모 광고 회사의 직장인에서 한국 최고의 스타 강사로 성공한 김미경이 있다. 김미경은 어린 시절부터 음악에 관심이 많았다. 음악의 신동이라는 말을 들으며 자란 김미경은 연세대 음대 작곡과에 진학한다. 대학 졸업 후 그녀는 모 유명 광고 회사에 입사하여 CM송 제작에 참여하게 된다. 그러나 완성된 곡을 접한 관계자들은 냉담했다. 그녀가 만든 CM송은 노래를 부르기로 한 김태원의 손을 거쳐야만 했다. 김미경은 자신의 길이 음악이 아님을 깨닫고 회사를 나와 생계를 위해 동네에서 피아노 학원을 차렸다.

피아노 학원을 운영하는 동안 그녀는 돈을 벌기 위해 몸부림쳤다. '돈'이 곧 새로운 꿈으로 도약하기 위한 발판임을 깨달은 것이다. 그녀는 열정적으로 피아노를 가르쳤고, 학부모들에게 신뢰도 얻었다. 27세 젊은 피아노 원장의 성공은 많은 사람들의 관심을 받기에 충분했다.

이후 김미경에게는 성공 신화에 대한 강의 요청이 쇄도했다. 그 일을 기점으로 지금 그녀는 대한민국 대표 스타 강사로 활동하고 있다. 진짜 꿈을 찾은 수십 명의 직원과 함께 꿈을 위해 달리는 스피치 기업의 대표가 되었다. 1회 강연료가 수백만 원에 달한다고 한다.

김미경은 평범한 직장인에서 직업인으로 성공한 사례다. 만약 그녀가 지금까지 직장인으로 살아왔다면 어떻게 됐을까? 그저 평범한 삶을 살고 있을 것이다. 그녀의 성공 뒤에는 프레젠테이션 역량이 있었다. 그녀는 성공해서 프레젠테이션을 잘한 것이 아니라 프레젠테이션을 잘했기 때문에 성공한 것이다. 프레젠테이션을 잘했기 때문에 직업인으로 살고 있는 것이다. '꿈은 찾는 것이 아니라 만드는 것'이라고 밝힌 김미경은 방황하는 청춘들에게 꿈과 희망을 안겨 주는 삶을 살고 있다.

직업인에게도 성공의 크기가 있다

직업인에게도 성공의 크기가 있다. 그것은 프레젠테이션 역량의 차이다. 직장인에게는 정년이 있다. 일정 나이가 되면 능력에 상관없이 직장을 떠나야 한다. 타인이 시키는 일만 해왔기 때문이다. 그러나 직업인에게는 정년이 없다. 자신이 하고 싶은 일을 하기 때문에 하고 싶은 만큼 하면 된다. 직장인은 역동성이 없다. 자신이 하고 있는 일이 즐겁지 않기 때문이다. 하는 일의 결과가 자기 것이 아니기 때문이다. 직업인은 역동성이 있다. 자신이 하는 일이 즐겁기 때문이다. 오롯이 자기가 하는 일의 결과물이 자기 것이 되기 때문이다. 직업인의 성공의 크기도 프레젠테이션의 역량에 따라 달라진다.

이영표 축구 해설위원을 보자. 이영표 선수도 한때는 직장인이었다. 안양 LG 치타스, 네덜란드 PSV 에인트호번, 영국 토트넘, 독일 보루시아 도르트문트, 사우디 알 힐랄에서 캐나다 밴쿠버 화이트캡스까지 그리고 국가대표 선수단으로 직장 생활을 했다. 그 역시 구단에서 시키는 대로 구단의 목표 달성을 위해 인풋의 삶을 살았다. 그런 명문 구단에서 뛸 수 있었던 것은 그의 탁월한 축구 실력 덕분이었다. 그러나 그도 일정 연령에 이르니 은퇴할 수밖에 없었다.

축구 선수의 은퇴 나이는 36세다. 인생에서 아주 젊은 나이다. 유명한 국가대표 선수들의 은퇴 후 모습을 보면 일부 소수는 국가대표나 프로구단 감독으로 활동하기도 하고 많은 선수들이 중·고등학교나 대학교 등에서 감독 생활을 한다. 다시 직장인 생활을 하는 것이다. 그러나 이영표 선수는 축구 해설위원이라는 직업인을 선택했다. 그는 축구 선수 시절보다 더 인기 있는 스타로 떠올랐다. 직업인으로서 성공한 것이다. 그 이면에는 이영표의 프레젠테이션 역량이 자리 잡고 있다. 프레젠테이션 역량이 직업인 이영표를 더 크게 만들었다.

우리 주위에는 프레젠테이션을 잘해서 성공한 사람들이 많다. 직업인으로서 우뚝 선 사람들이 많다. 특히 정치인들 중에 손꼽자면 노무현 대통령이 대표적인 사례다.

노무현은 1975년 고졸 출신으로는 처음으로 판사에 임용되었지만 7개월 뒤 그만두었다. 그 후 1978년부터 부산에서 변호사를 개업해 활동한다. 1981년에는 부림 사건의 변호를 맡아 인권 변호사의 길을 걸었으며 1982년에는 미문화원 방화사건 변호를 맡게 된다. 인권 변호사로 변한 그는 평범한 사람이었다. 외모도 학벌도 내세울 것이 없는 사람이었다. 그는 김영삼 전 대통령의 권유로 정치에 입문했다. 정치인들의 최종 목표는 누구나 대통령이 되는 것이다. 그러나 그 자리까지 가는 경우는 극소수다. 그는 지역 정서를 돌파하고자 부산에서 국회의원직에 출마하기도 했고, 시장 선거에서도 몇 차례 떨어졌다. 그가 대중에게 각인된 계기는 2006년 5공 청문회 때였다. 이 청문회로 '초선의원 노무현'이라는 청문회 스타가 탄생했다. 당시 노무현은 출석한 증인들에게 호통을 치고 뛰어난 언변과 촌철살인으로 인기를 얻었다. 그는 「100분 토론」에도 등장하면서 언변을 뽐냈는데, 2006년 기준으로 'MBC「100분 토론」총 9회, 최다 출연자 7위'에 랭크되기도 했다.

노무현에게는 대중을 설득하는 베스트 프레젠테이션 역량이 있었다. 그는 달변가였다. 프레젠테이션의 달인이었다. 그가 대통령의 위치까지 갈 수 있었던 기반에는 그의 프레젠테이션 역량이 결정적이었다. 이렇게 프레젠테이션은 그 사람의 위치를 정한다.

학교에서는 프레젠테이션을 잘하는 친구가 학생회장이 된다. 직장에서 '별'이라 불리는 임원까지 오르는 사람들은 프레젠테이션의 달인들이다. 글을 잘 쓰는 작가라도 프레젠테이션을 잘하면 스타 작가의 반열에 오른다. 같은 사업가 CEO들도 프레젠테이션을 잘하면 그 자체가 브랜드 상품이 되고 회사를 발전시킨다. 노래를 잘 부르는 가수도 프레젠테이션 역량에 따라 인기 가수가 된다. 같은 대목장이라도 프레젠테이션의 역량에 따라 성공의 크기가 달라진다.

직장인으로 살 것인가? 직업인으로 성공한 삶을 살 것인가? 직장인의 삶과 직업인의 삶은 다르다. 직장인의 삶으로는 당신의 위치를 스스로 결정하지 못한다. 그러나 직업인의 삶에서는 당신의 성공 크기와 위치를 스스로 결정할 수 있다. 그 차이는 프레젠테이션의 차이에 있다. 끊임없이 시도하고 자신만의 프레젠테이션 사고를 가져라. 성공한 사람이 프레젠테이션을 잘하는 것이 아니라 프레젠테이션을 잘하는 사람이 성공하는 시대다.

더 늦기 전에 프레젠테이션 역량을 키워라. 프레젠테이션을 잘하지 못하면 '직장인1.0'에 머무를 것이다. 그러나 프레젠테이션을 잘하면 '직장인 2.0'으로 나아갈 것이다. 이제 프레젠테이션 역량이 당신의 위치를 결정하는 시대다. 위치와 성공의 크기이고 행복의 크기다. 모든 사람은 성공해서 행복하게 살고 싶은 꿈을 가지고 있다. 이 꿈의 기본에는 자신의 생각을 알리는 프레젠테이션 역량이 자리하고 있다. 당신 또한 '직장인 2.0'이 되기 위해 투자할 때다.

프레젠테이션으로 나를 차별화하자

프레젠테이션이란 과연 무엇인가? 어떤 사람이 프레젠테이션을 잘할 수 있을까?

위키 백과사전에서는 '프레젠테이션 또는 시청각설명회는 듣는 이에게 정보, 기획, 안건을 제시하고 설명하는 행위를 가리키며, 즉 시청각 자료를 활용한 발표'라고 정의하고 있다. 간단히 '발표'라고도 하며, PT로 줄여서 말하기도 한다.

네이버 지식in 오픈 국어사전에서 '프레젠테이션은 청중을 설득하기 위해 사업 목적이나 계획 등을 발표하는 것을 가리키는 외래어'라고 정의하고 있다. 영어에서 프레젠테이션은 '제출, 제시, 수여, 증정'이라는 의미를 가지고 있다. 국립국어원 표준국어대사전에서는 '광고 대리업자가 예상 광고주를 대상으로 광고 계획서 따위를 제출하는 활동'이라고 정의하고 있다.

그렇다면 진정한 의미의 프레젠테이션은 무엇일까? 우리는 프레젠테이션을 통상적으로 대체할 적당한 단어가 없어 외래어를 그대로 사용하고 있다. 프레젠테이션은 프레젠터가 원하는 목표를 달성하기 위해 정해진 시간 안에 청중에게 어떠한 사실이나 정보, 자신의 의견 등을 전달하고 설득하는 것이다. 청중으로 하여금 프레젠터가 원하는 목표를 달성할 수 있도록 의식이나 행동의 변화를 유도하는 일련의 과정이라고 할 수 있다.

지식정보화사회이자 초연결사회에서는 자기를 차별화할 수 있는 도구로서 프레젠테이션 역량이 필요하다. 자신이 가지고 있는 내면의 역량을 상대방에게 어떻게 전달하여 설득하느냐가 개인의 성공을 좌우하기 때문이다. 초·중·고등학생, 대학생, 직장인, 전문가 등 모두에게 프레젠테이션 능력이 중요한 시대다.

이제 당신의 학업과 일터에서 경쟁력을 높이고자 한다면 프레젠테이션 역량을 키워야 한다. 앞으로 더욱더 여러 사람 앞에서 다양한 형태의 프레젠테이션을 할 기회가 많아지고 그 중요성이 강조될 것이다. 특히 성공으로 가는 길목마다 프레젠테이션이 필요하고 그 결과에 따라 인생의 그릇 크기가 달라질 수 있다. 프레젠테이션은 당신을 계속적으로 차별화시킬 것이다.

차별화의 근원은 프레젠테이션이다

최근 모교에서 매년 한 번씩 열리는 대학 동아리 창립제에 졸업 후 처음으로 참석한 일이 있었다. 창립제는 졸업생과 재학생이 같이 제를 지내고 연주도 하고 오락도 하면서 선후배 간의 정을 쌓는 자리다. 국악 동아리는 특히 젊은이들에게는 인기가 없는 동아리 중 하나다. 나는 학창 시절 이 동아리의 3기 회원이었는데, 현재 1학년 학생이 37기라 한다. 국악 동아리가 37년이라는 세월 동안 유지되고 있었다는 이야기다. 졸업 후 직장 생활에 여념이 없어 대학 동아리에는 관심을 갖지 못하다가 특별한 기회에 아들딸쯤 되는 학생들과 만나게 된 것이다.

나는 행사장에 일찍 도착해 자리에 앉았다. 재학생들이 행사 준비에 바쁘다. 제에 올릴 돼지머리와 과일, 떡 등으로 상을 차리고 있다. 한쪽에서는 연주를 위해 연습하는 소리도 들린다. 무언가 서툴지만 젊음이 느껴진다. 한복을 근사하게 차려 입은 친구도 있고 슬리퍼를 신고 왔다 갔다 하는 친구도 있다. 이제 양치질을 하는 친구도 있다. 회사 행사장 같으면 있을 수 없는 일이다.

자리에 앉아서 내 과거의 동아리 활동을 잠시 회상했다. 아주 오래전 35년 전의 동아리 활동의 추억을 그리고 그때 같이 활동했던 선배, 동기, 후배들을 떠올렸다. 저 마음 깊은 곳에서 찡하게 무언가가 올라왔다. 그리고 이 후배들에게 무슨 이야기를 해주어야 좋을지 고민했다. 제를 지내고, 마침내 후배들 앞에서 이야기할 차례가 왔다. 잠시 시간을 멈추고 후배들의 눈망울을 훔친 후 말을 꺼냈다.

"여러분이 너무도 대견스럽습니다. 여러분이 너무도 보고 싶었습니다. 한 동아리가 37년 동안 계속되는 것은 기적입니다. 그것도 인기 없는 국악 동아리가 여기까지 올 수 있었던 것은 여기 오신 선배님들의 노고 덕분입니다. 감사드립니다.

전 여러분이 성공을 하려면 3S를 가져야 한다는 이야기를 하고 싶습니다. 첫째, 여러분만의 스토리를 만드세요. 스토리란 여러분만이 경험한 이야기, 여러분만이 할 수 있는 일입니다. 그런 스토리를 가져야 직업이나 돈을 버는 것으로 연계할 수 있습니다. 둘째, 스피치를 잘하는 사람이 되세요. 요즘같이 경쟁이 치열한 사회에서는 자신을 잘 표현하는 것이 경쟁력입니다. 차별화입니다. 셋째, 소셜 능력입니다. 즉 온라인이 되었건 오프라인이 되었던, 사회적 관계를 맺으세요. 사회 생활을 하는 데, 성공으로 가는 데 중요한 요소입니다. 페이스북, 블로그, 밴드, 카카오톡 등 SNS 같은 것을 통해 관계를 맺는 활동을 하세요. 자신을 알리세요. 그리고 오프라인으로 선후배 등과 관계를 맺으세요. 명문고, 명문대를 나온 친구들의 특징이기도 합니다. 그리고 마지막으로 이 동아리가 오래도록 유지되도록 해주세요."

지금은 스피치 시대다. 다시 말해, 자신을 차별화하는 프레젠테이션의 시대다. 만일 지금 나의 청중이 대학생이 아닌 학교를 졸업하고 직장을 10년쯤 다니는 친구들이라면 나는 무슨 말을 할까? "직장인으로 10년 이상 일하지는 마라. 당신의 또 다른 미래를 설계하라" 라고 이야기하고 싶다.

입사 시 면접관은 내게 물었다. "당신은 이 회사에 들어와 무엇을 하고 싶습니까?" 당시 지원자 중 세 명씩 한 조가 되어 면접관 앞에서 면접을 보는데 나는 세 번째 답변 순서였다. "전 이 회사에 들어와 좋은 제품을 개발해 회사에 기여하고 싶습니다. 전 이 분야에서 공부도 했고, 교수님과 산학 프로젝트도 경험했습니다." 첫 번째, 두 번째 지원자들이 이런 식으로 좋은 이야기를 모두 해버린 상황이었다. 마침내 내가 답변할 차례가 되었지만 나는 할 이야기가 없었다. 앞에서 지원자들이 다 해버린 좋은 말들을 되풀이하면 차별화가 없을 것 같았다. 나는 이렇게 대답했다.

"책을 한 권 쓰고 싶습니다. 이 회사에서 일하면서 저는 책 한 권 쓸 수 있을 일을 하고 싶습니다"라고 답변했다. 면접관은 미소를 지으며 더 이상 나에게 아무 질문도 하지 않았다. 나는 면접 후 떨어질 것이라 예상했지만 합격이었다.

아주 오래전 이야기지만 아직도 내가 하지 못한 꿈이 책을 쓰는 일이었다. 책 쓰기는 나를 표현하는 일이다. 나를 차별화하는 일이다. 2000년도에 삼성으로 자리를 옮기면서 10년 정도만 직장 생활을 하자고 했는데, 벌써 17년이 지나버렸다. 그리고 그저 평범한 직장인이 되어 있었다.

나는 직장 생활을 하면서 프레젠테이션을 많이 했다. 어찌 보면 회사 생활 대부분을 프레젠테이션을 하면서 보냈다. 직접 하기도 했고 남이 하는 것을 보기도 했고, 그것으로 보고도 받아 보았다. 프레젠테이션 자격 심사도 했고, 프레젠테이션 코칭도 했다. 프레젠테이션을 잘하는 사람들이 원하는 것을 얻는다는 사실도 체감했다. 차별화도 획득했다.

"직장 10년 이상은 다니지 마라."

10년 이상 다녀 봐야 직장에서 배울 것이 더 이상 없다. 10년이면 족하다. 대학 졸업 후 10년 정도 직장 생활 하면 36~7세 정도가 된다. 10년 정도 일하면 그 분야에서는 전문가 소리를 들을 수 있다. 사실 그렇지 않다. 전문가로서, 직업인으로서 성공의 길을 걷는 사람은 많지 않다. 왜 그럴까? 그들이 인풋하는 일만 하며 살아왔기 때문이다. 즉 다른 사람과 차별화된 것이 없기 때문이다.

아웃풋 삶을 살기 위한 일곱 가지 활동

1 프레젠테이션 역량 키우기

2 자기만의 생각을 글로 쓰기

3 자기 전문 분야의 책 쓰기

4 신문, 전문 잡지에 칼럼 쓰기

5 자기 전문 분야 논문 쓰기

6 프레젠테이션 동영상을 만들어 자신을 알리기(유튜브, 테드에 올리기)

7 자기만의 카페, 블로그를 만들어 활동하기

경쟁 사회에서는 차별화되지 않으면 살아남을 수 없다. 차별화를 위해서는 아웃풋하는 삶을 살아야 한다. 아웃풋하는 삶이란 자신을 알리는 활동을 하며 사는 삶이다. 프레젠테이션이 대표적이다.

프레젠테이션하는 만큼 당신은 차별화된다. 차별화되는 만큼 당신은 성장한다. 성장하는 만큼 당신은 더 좋은 위치로 올라간다. 끊임없이 시도하고 자신만의 꿈을 가져라! 성공해서 차별화한 것이 아니라 차별화해서 성공하는 것이다. 더 늦기 전에 차별화하는 법을 배워야 한다. 한 사람의 위치는 다른 사람과 차별화를 할 때 이루어진다. 차별화의 근원은 프레젠테이션에 있다. 오십대 초반의 나는 이제 아웃풋의 삶을 살기로 했다.

대학생,
프레젠테이션이 취업을 결정한다

정부 인사처에 따르면 "2016년 국가직 9급 공무원 시험 응시 원서 접수 결과 행정직으로 89명 모집에 3만 6천 186명이 지원해 경쟁률이 406.6대 1에 달했다. 교육 행정직은 299대 1에 달한다"고 발표했다.

「2015년 신입 사원 채용 실태 조사」 결과 발표, 올해 대졸 신입 사원 취업 경쟁률(32.3 : 1 / 2013년 대비 12.9퍼센트↑) 대기업(35.7 : 1), 중소기업(6.6 : 1) 모두 상승, 100명 지원 시 최종 합격 3.1명(한국경영자총협회 자료)"

위 지표는 우리나라 청년들이 얼마나 취업하기가 어려운지 보여 주는 현실이다. 대학을 졸업해도 일정 규모 이상의 기업에 취직하기가 하늘의 별따기라는 이야기다. 해가 갈수록 청년들의 취업난은 심화될 것으로 예상한다.

한편 조사에서 기업의 68.8퍼센트가 스펙은 입사 시 최소 기준으로 활용한다고 응답하고 있다. 대부분의 기업들이 스펙 활용은 최소화하고 채용 과정에서 면접 전형을 통한 변별력 확보에 주력하는 경향을 보이고 있다. 기업이 생각하는 채용 과정별 중요도는 면접 전형, 서류 전형, 필기 전형 순으로 나타났다. 면접 전형의 중요도는 2013년 59.9퍼센트에서 2017년 65.0퍼센트로 증가했다. 신입 사원 채용 시 면접 전형의 중요성이 지속적으로 증가하고 있다.

우수 인재를 잡기 위한 대기업들의 채용 방식도 많은 변화를 맞고 있다. 지금까지 많은 기업들이 학점, 토익, 해외 연수, 대외 활동과 자격증 등을 취업 필수 조건으로 내걸었지만 최근에는 기업의 특성과 업무에 부합하고 창의적이며 소통 능력을 가진 인재를 채용하기 위해 채용 방식을 바꾸고 있다. 한마디로 단방향 채용이 아닌 입사 지원자들과의 소통을 통한 채용으로 변화하고 있다. 대기업들이 취업을 위한 경력만 준비하는 것보다 실제로 일을 잘할 수 있는 인재를 선발하는 데 심혈을 기울이고 있다. '스펙' 위주의 채용 방식에서 변화해, 자기주도적으로 해당 분야 직무를 수행하기 위해 공부한 이들을 우대하는 시대가 오고 있다. 주요 4대 기업은 '스펙만 보는 시대는 갔다'고 밝히고 있다. 스펙보다는 실무 능력 등 발전 가능성에 더 무게를 두고 신입 사원을 채용하고 있다.

대학교의 수업 방식도 변하고 있다. 강의식 교수법에서 토론식 교수법으로 확대되고 있다. 토론식 교수법이 확대되면서 학생을 평가하는 방식도 변하고 있다. 토론식 교수법이란 학습자와 학습자, 학습자와 교수 사이에 정보나 아이디어, 의견 등을 나누기 위해 서로 이야기하거나 함께 문제를 해결해 나가는 탐구 과정이다. 이것은 학습자의 적극적인 참여와 역할을 강조하는 학습자 중심의 수업 방식이라고 할 수 있다. 상호작용 방식의 수업 방식으로써 발표와 토론 중심의 진행 방식이다. 토론 내용으로 학습자를 평가하게 되는 토론식 수업 방식에서는 프레젠테이션 능력이 무엇보다도 중요하다.

이처럼 기업에서 신입 사원을 채용하거나 대학에서 학생들의 성적을 평가할 때 상호 간의 소통 역량이 중요한 요소로 대두되고 있다. 소통의 도구로 프레젠테이션이 중요한 위치를 차지하고 있고 그 중요성은 점점 더 증가하고 있다. 자기 생각이나 주장을 프레젠테이션으로 잘 표현하면 좋은 점수를 얻는다. 프레젠테이션으로 대학에서 좋은 학점을 관리할 수 있다. 프레젠테이션으로 자신의 역량을 잘 표현함으로써 원하는 직장에도 들어갈 수 있다.

큰아들이 대학교 1학년생이다. 학교에서 발표 과제가 주어졌나 보다. 발표 시간으로 주어진 시간은 5분이고, 5분이 넘으면 감점 처리 된다고 한다. 아들은 5분의 발표 과제를 준비하기 위해 발표 전략을 만들고 키워드를 도출하고 관련 자료를 찾아 발표 자료를 만드는 데 며칠을 보내고 있다. 이렇게 5분 프레젠테이션 할 자료를 만드는 데 준비하고 찾은 정보들이 많다. 그 과정에서 많은 지식을 습득하고 논리를 만들어 간다. 그리고 자신의 주장도 다듬어 간다. 발표 당일 프레젠테이션을 잘 못하면 학점에 영향이 있는 만큼 긴장할까 봐 우황청심환도 챙겨 간다.

이뿐만이 아니다. 대학에서는 각종 동아리 활동, 과제 발표, 경진 대회 참석, 논문 심사 등 프레젠테이션으로 평가하는 일들이 많다. 대학생의 역량을 평가하는 도구로 프레젠테이션이 자리 잡고 있다. 이렇게 얻은 학점이 취업 시 스펙으로 활용된다.

기업들이 채용 전형에 프레젠테이션을 포함시키는 이유는 주로 창의력, 문서 제작 능력, 표현력, 설득력, 순발력의 능력을 체크하기 위함이다. 입사 지원자가 성공적인 프레젠테이션을 하기 위해서는 독창적인 콘텐츠를 가장 효과적으로 문서화하는 것이다. 그리고 면접관의 이해와 공감을 끌어낸 뒤 질문에 잘 답변하면 된다. 대부분의 기업들이 입사 전형 시 프레젠테이션 면접을 확대하고 있다.

KBS TV 프로그램「스카우트」에서 결선에 올라 한국자산공사에 합격한 여수정보과학고등학교 김예빈 양이 있다. 특성화고등학교에 재학하는 학생 중 전국에서 서류 전형에 도전한 학생은 최초 70명이다. 서류 전형을 시작으로, 1차 예선, 2차 본선, 3차 결선에서는 아이디어를 발표했다. 마지막 결선에 오른 학생은 4명이었다. 다음은 그녀의 인터뷰 내용이다.

"제가 취업에 성공한 비결이요? 독서죠. 어려서부터 부모님이 책을 읽어 주는 것이 생활화되었어요. 다른 친구들은 질문에 임기응변으로 답했겠지만 저에게는 독서로 다져진 내면화된 지식이 있어 다른 친구들은 제 답변을 못 따라오죠."

김예빈 양이 한국자산공사에 합격할 수 있었던 것은 독서로 다져진 내면화된 지식 기반의 프레젠테이션 역량이 결정적이었다.

이와 같이 프레젠테이션은 좋은 기업으로의 취업을 결정한다. 취업 전쟁, 이제는 개인의 컬러가 담겨 있는 프레젠테이션이 관건이다. 취업을 앞둔 대학생들은 스펙이 아닌 자신만의 컬러를 찾아야 한다.

KT에 입사한 K씨. 그는 입사 시험 첫 관문으로 TV 서바이벌 프로그램에서나 볼 법한 '오디션'을 통과했다. KT가 '열린 채용'의 한 형태로 지난해 처음 도입한 '스타 오디션'이다. 여기서 합격하면 서류 전형 없이 바로 면접으로 직행할 수 있다. 오디션 주제는 '자기 소개서에 표현 불가능한 나를 표현하라'는 것이었다. K씨는 꼬박 4일 밤을 지새워 가며 동영상을 만들었다. 그는 이 회사에서 일하기 위해 대학시절 해온 것들을 모두 동영상에 담아 면접관들에게 보여주었다. 결과는 합격이었다. 면접관들은 "K씨만큼 심혈을 기울여 오디션을 준비한 사람은 없었다"고 말했다.

같은 해 KT 서류 전형 대신 오디션을 보고 입사에 성공한 M씨. M씨의 오디션 준비는 즉석에서 이루어졌다. 온라인상에 오디션 사전 신청 자가 폭주하자 KT는 할 수 없이 접수를 중단하고 채용 설명회 당일 추첨을 통해 오디션 대상자를 추가 선정했다. 운 좋게 추첨에 뽑힌 M씨는 약 30분간 머리를 짜내 자신을 가장 잘 표현할 수 있는 스토리를 구성했다.

M씨는 여행용 가방에 그동안 읽은 전공 서적을 가득 담아 온 사람, 졸업 작품을 가져와 프레젠테이션을 하는 사람 등 온갖 준비를 다 해온 이들을 보며 자신은 떨어질 것이라 생각했으나 운이 좋아 합격했다고 말했다.

이 두 사람의 취업 성공은 스펙 타파를 통해 합격한 사례들이다. 자신이 가지고 있는 잠재력과 끼를 프레젠테이션을 통해 면접관을 설득했다. 이제는 프레젠테이션 능력이 취업으로 연결되는 길이 열리고 있다. 영어 단어를 외우는 대신, 자격증을 준비하는 대신 프레젠테이션 역량을 키워라. 프레젠테이션에 자신의 끼와 잠재력을 담을 수 있는 경험을 쌓아라. 그리고 그것을 프레젠테이션하라.

스펙보다 프레젠테이션 역량에 초점을 맞추면 좀 더 긍정적이고 자신감 있는 자세를 갖게 된다. 도전할 수 있는 용기도 가질 수 있다. 프레젠테이션은 내 안에 잠재되어 있는 끼와 가능성을 보여 주는 도구다. 프레젠테이션을 잘하는 청춘은 설득을 잘하는 사람들이다. 프레젠테이션을 잘하는 청춘은 자신감으로 무장된 사람들이다. 프레젠테이션을 잘하는 청춘은 잠재력이 뛰어난 사람들이다. 프레젠테이션을 잘하는 청춘은 앞으로 나아가는 사람들이다. 취업을 원한다면 지금 당장 프레젠테이션 역량을 키우는 데 투자하고 집중하라! 당신이 바라는 것을 행하라. 당신은 반드시 이룰 수 있다.

면접관의 마음을 움직이는 것은 베스트 프레젠테이션이다. 면접관의 행동 변화를 일으키고 싶다면 내 마음속 이야기를 면접관에게 전달해야 한다. 나의 시각이 아닌 면접관의 시각으로 내려다보면 나의 이야기가 면접관에게까지 확장된다. 그러면 면접관의 속마음을 이해하게 되고 있는 그대로 받아들일 수 있게 된다.

같은 직장인이라도 왜 어떤 사람은 갈수록 일이 잘 풀리고 어떤 사람은 일이 잘 풀리지 않는 걸까? 직장 내에서도 똑같은 일을 하는데 누구는 승진을 하고 연봉도 많이 받는 반면 어떤 사람은 그렇지 못하다. 이들이 이런 차이를 보이는 것은 작은 '프레젠테이션 역량' 차이다. 프레젠테이션으로 살고 프레젠테이션으로 죽는 것이 직장 생활이다. 직장인들은 승진이 자존심의 문제고, 연봉은 자랑의 문제다. 승진은 한 사람의 일생을 좌우하는 문제다. 승진에 탈락되고 일찍 사표를 써서 고생하는 사람들이 많다. 직장은 치열한 승부의 세계다.

'승진'이야말로 직장인들의 생명줄과 같고 모든 직장인들이 꿈꾸는 것이다. 승진은 자신의 명함에 새겨지는 직급의 변화만 의미하지 않는다. 책임과 권한이 늘어나고 연봉도 오른다. 직장 내에서 자신의 상사가 그만큼 줄어든다. 직장인이라면 누구나 승진을 희망하는 이유다. 『리더가 리더에게』의 저자 이석우는 "직장에서 똑같은 보고서를 쓰고, 똑같은 말을 해도 직급이 높을수록 그 보고서와 말의 힘이 커진다. 이것이 진급을 하는 묘미라고 긍정적으로 받아들이면 된다"라고 말했다.

직장인들이 승진을 위해 1차적으로 갖추어야 할 것은 업무 역량이다. '자리가 사람을 만든다'는 말이 있다. 직장인들이 승진에 목을 매는 이유이기도 하다. 일단 높은 자리로 승진을 하면 업무 기회도 많이 만들 수 있고, 어떻게든 일은 처리된다는 것이다. 그러나 실제로는 자리가 사람을 만드는 것이 아니라 개인의 업무 역량이 자리를 만드는 것이다. 업무 역량은 업무 능력과 인적 네트워크 등이다.

업무 능력에는 직급별 역량도 포함된다. 대리-과장-차장-부장-임원 등 직급별로 주된 역할이 서로 다르기 때문이다. 대리, 과장급은 업무 처리 능력이 가장 중요한 데 반해 부장급 이상으로 넘어갈수록 소통 능력과 리더십이 필요해진다. 여기서 업무 역량은 업무 성과와 잠재 역량으로 평가한다.

실제 현장에서는 이런 역량들을 객관적으로 평가하는 데 어려움이 있다. 좋은 평가를 받기 위해 열심히 성과를 내는 것도 중요하지만 상사나 동료들과의 원활한 커뮤니케이션도 중요하다. 직장에서는 보고라는 수단을 통해 일이 진행된다. 대부분 프레젠테이션이라는 상호 커뮤니케이션을 통해 일을 하고 있고 그에 따른 성과를 평가하고 있다. 프레젠테이션 능력이 곧 업무 능력인 시대가 된 것이다.

　삼성SDS는 과장에서 차장으로, 차장에서 부장으로 승진을 할 때 역량 평가 심사를 거치게 된다. 업무 평가와 역량 평가의 비중은 6대 4 정도의 비율로 평가한다. 업무 평가는 해당 소속 부서장이 업무 성과를 기준으로 평가를 하고, 역량 평가는 제3자 전문가들이 평가 위원이 되어 역량 심사가 이루어진다. 그리고 두 개의 평가 점수를 합해 최종 승진자를 결정하는 시스템이다. 역량 평가는 개인이 해온 업적을 중심으로 PT 자료를 만들어 프레젠테이션과 심도 있는 질의응답을 통해 진행된다. 부장으로 승진하는 비율은 열 명 중에 두세 명 정도에 불과하다. 치열한 경쟁을 치러야 승진할 수 있기 때문에 많은 준비를 해서 평가에 임한다.
　업무 평가 점수가 다른 사람에 비해 약간 낮았던 나는 역량 평가를 위해 지금까지 해온 업적과 잠재 역량을 카테고리화하여 준비했다. 그리고 평가 위원들 앞에서 프레젠테이션으로 업무 능력과 잠재 능력을 최대한 어필함으로써 승진에 성공했다. 이처럼 프레젠테이션이 업무 역량을 평가하는 데 중요한 도구로 활용되고 있다.

프레젠테이션은 기회를 잡는 자에게 주어지는 선물이다

　같은 기회가 주어지더라도 어떤 사람은 이를 성공의 기회로 삼고, 어떤 사람은 기회를 살리지 못한다. 직장에서 그 차이는 프레젠테이션으로 어떻게 어필하느냐에 달려 있다. 프레젠테이션은 기회를 잡는 사람에게 주어지는 선물이다. 프레젠테이션은 회사의 매출을 올리는 수단일 뿐만 아니라 개인이 승진할 수 있는 기회다.

모 대기업의 A상무는 오랫동안 외국에서 대학을 마치고 외국 기업에서 영업 사원으로 근무한 인물이다. 그는 국내 대기업에 사업 담당 임원으로 경력 입사했다. 그는 영어를 아주 세련되게 잘하는 사람이었다. 특히 프레젠테이션을 통해 고객을 설득하는 능력이 있었다.

한번은 그가 미국, 중국, 브라질, 중동 등 해외 법인에 있는 현지인 영업 사원들을 상대로 영업 전략에 대해 프레젠테이션을 한 적이 있었다. 물론 그 자리에는 한국 본사의 대표들을 포함해 임원들도 참석했다. 외국에서 온 현지인 영업 사원들은 그의 프레젠테이션에 찬사를 보냈고 이 일은 현장을 보고 있던 사장님의 눈에 각인이 되었다. 그는 단순히 영어만 잘하는 것이 아니라 프레젠테이션 역량이 뛰어났다. 그 일을 계기로 그는 중동에서 아주 큰 규모의 사업을 수주하게 되었고 전무직으로까지 승진해 현재 사업 본부장으로 일하고 있다.

오늘날 직장인들은 치열한 경쟁 시대를 살고 있다. 연봉제를 도입해 같은 직급의 직원이라도 능력에 따라 연봉 차이가 많이 난다. 직급이 낮은 사람이 직급 높은 사람을 데리고 일을 하는 시대로 변하고 있다. 나이가 적은 사람이 나이 많은 사람을 부하로 데리고 일하기도 한다. 철저히 능력 중심으로 조직이 운영되고 있다. 높은 직급으로 올라갈수록 능력은 프레젠테이션으로 평가된다. 내부에 있는 상사를 설득하든 외부에 있는 고객을 설득하든 프레젠테이션 역량이 그 위치를 담당하고 있다. 프레젠테이션이 승진과 연봉을 결정한다.

건설업, 조선업, IT 서비스업 등 수주형 산업에서는 프로젝트 단위로 일이 진행된다. 그리고 선임된 PM에게는 프레젠테이션 역량이 요구된다. 정부 조달청에서 발주하는 프로젝트형 사업 공고 시 입찰 조건으로 입찰 설명회 프레젠테이션은 PM이 해야 한다고 명시되어 있다. 이것은 PM의 프레젠테이션 역량이 프로젝트의 성공 여부를 결정한다고 보기 때문이다. 나도 공공사업을 하면서 법무부, 문화체육관광부, 해양경찰청, 국민건강보험공단, 교육과학기술부 등 십여 차례 PM으로서 일하면서 입찰 때마다 직접 제안 설명회를 수행했다. 평가 심사위원들 앞에서 하는 제안 설명 프레젠테이션이 가장 어려운 프레젠테이션 중 하나다. 제안 작업 시작에서 제안 설명회까지 짧게는 한 달에서 수개월을 이를 위해 준비하는 과정을 거친다. 한 편의 드라마를 연출하는 일이나 다름이 없다.

아무리 업무 성과가 뛰어나고 일 처리가 빠르다 해도 승진이 잘 안 되는 사람들이 있다. 연봉이 안 오르는 사람이 있다. 같은 일을 해도 성과가 잘 안 나는 사람이 있다. 차이는 프레젠테이션에 있다. 성과를 내는 사람이 프레젠테이션을 잘하는 것이 아니다. 프레젠테이션을 잘하기 때문에 성과를 내는 것이다. 프레젠테이션 진행자는 누구나 두려움을 가지고 있다. 프레젠테이션에 타고난 사람이란 없다. 두려움을 극복하는 자가 기회를 잡게 된다. 자신이 원하는 목표가 무엇인지 결정하고 과감하게 도전해야 한다.

직장인의 가치는 승진과 연봉으로 결정된다. 높은 직급으로 올라가야 자신의 영향력도 그만큼 커지기 때문이다. 스스로 업무 역량을 충분히 갖췄다고 생각되면 이를 적극적으로 외부에 알릴 필요가 있다. 아무리 좋은 상품을 만들어도 홍보하지 않으면 팔리지 않는다. 내가 어떤 업적을 이루었고 이에 기반을 두고 어느 정도 대우를 받기 원하는지를 표현해야 한다. 이를 위해 직장인들은 평소 프레젠테이션에 신경을 써야 한다. 프레젠테이션은 직장인이 선택할 수 있는 몇 안 되는 기회 중 하나다. 좀 더 역량을 키운다면 당신에게 더 많은 기회가 주어질 것이다.

사업가,
프레젠테이션이 소득을 결정한다

SK그룹에서는 2016년 12월부터 2박 3일 동안 열리는 CEO 세미나를 앞두고 테드가 화제가 되었다고 한다. SK 주요 계열사 최고경영자들이 CEO 세미나에서 테드식 프레젠테이션에 나선다고 한다. SK그룹이 테드식 강연에 나서는 것은 최태원 그룹 회장이 그룹 확대 경영 회의에서 직접 테드식 프레젠테이션을 통해 변화의 필요성을 역설한 것이 계기가 되었다. SK그룹은 CEO 세미나에서 혁신의 일환으로 사전에 준비한 자료를 줄줄 읽는 발표가 아니라 청중과 교감하는 발표를 준비하자는 공감대가 확산되었다고 한다. "관성을 버리고 열린 눈으로 일하는 방법을 바라보아야 틀을 깰 수 있다"는 최태원 회장의 절박함이 발표 방식의 변화를 가져왔다.

테드는 미국의 비영리 단체인 새플링 재단이 개최하는 기술+오락+디자인 관련 정기 행사다. 발표 시간은 18분 정도로 프레젠테이션 동안 형식에 얽매이지 않고 최대한 압축적으로 메시지를 전달하는 것이 특징이다. 테드 프레젠터는 캐주얼 복장에 무선 마이크를 볼에 붙이고 청중과 눈을 맞추며 소통하는 방식이다.

최고경영자들이 직접 프레젠테이션을 통해 고객 그리고 직원들과 소통하는 시대로 접어들었다. 사업가는 오너이기도 하고 전문 최고경영자이기도 하고 어떤 집단의 지도자이기도 하다. 그들은 조직의 브랜드이자 조직의 성장을 결정짓는 상징이기도 하다.

사업가란 이윤을 목적으로 한 사업에서 일하는 사람, 더 구체적으로 말해 한 회사의 경영에 임하는 사람을 말한다. 다시 말해, 기업이나 회사를 경영하는 사람을 '사업가'라고 하고 최근에는 회사를 전문적으로 경영하는 사람을 CEO라고 부른다. 사업가가 하는 일은 회사를 이끌어나가고 사원들을 관리하며 회사의 모든 일을 책임지고 운영하는 일이다. 조직의 명운을 결정하는 중요한 일을 하는 사람들인 것이다.

숭실대학교 경영전략연구소 소장 정대용 교수의 저서 『창업 스쿨』에서 성공한 사업가는 다음과 같은 열네 가지 특징을 가진다고 한다.

1. 독립 욕구
2. 주도성 및 적극성
3. 활동 에너지

4. 낮은 지원 의존도

5. 눈치

6. 끈기와 각오

7. 책임 의식

8. 문제 해결 능력

9. 설득력

10. 자제력 또는 자기 관리 통제

11. 돈의 가치에 대한 인식

12. 자신감

13. 자부심

14. 시장 감각

여기서 설득력에 주목해야 한다. 정 교수는 "성공적인 사업가들은 대개 설득력 또는 협상력이 강한 사람들이다. 그럴 수밖에 없는 것이, 자기 사업을 위해 다른 사람들을 설득하여 성사시켜야 할 일들이 많기 때문이다. 가령 돈을 빌려 달라, 좀 더 열심히 일해 달라, 자기 물건 좀 사달라, 보다 좋은 조건으로 해 달라는 등의 요구 사항을 관철시킬 때 설득력은 그들의 중요한 무기인 것이다. 따라서 사업을 하고자 한다면 다른 사람이 당신이 원하는 바를 해 주도록 설득할 수 있어야 한다"라고 이야기하고 있다.

프레젠테이션은 설득을 위한 강력한 도구

프레젠테이션은 설득을 위한 강력한 도구다. 사업가가 되기 위해서 그리고 성공하는 사업가가 되기 위해서는 주주, 고객, 직원, 경쟁자 등을 설득할 수 있는 프레젠테이션의 힘을 가져야 한다. 프레젠테이션은 사원에서 사업가로 가는 길을 제공한다. 프레젠테이션은 직원의 눈에서 경영자의 눈을 가지게도 한다. 사업가, 즉 최고경영자가 되어서 프레젠테이션을 잘하는 것이 아니라 프레젠테이션을 잘해서 최고경영자가 되는 것이다.

현재 삼성메디슨 대표이사 겸 삼성전자 의료 기기 사업부장 사장인 전동수 사장이 대표적인 사례다. 그는 삼성반도체 사장을 거쳐 삼성 SDS 대표이사를 지내기도 했다. 전동수 사장은 IMF 시작 무렵 그리고 IT 인더스트리가 급변하는 시점에 본사로 발령을 받아 일하게 되었다. 당시 그는 300명의 임원을 대상으로 다음과 같은 내용으로 프레젠테이션을 하게 된다.

"지금 우리는 아날로그에서 디지털로 갈아타는 시기다. 엄청난 기회와 위기가 상존한다. 생각만 똑바로 박히고 제대로 한다면 우리가 일본을 잡을 수 있다. 그렇지 않으면 잡을 수 없다. 디지털은 새로운 기회다."
(중략)

이 프레젠테이션은 신선한 충격으로 큰 반향을 일으켰고 좋은 내용으로 평가받아 삼성전자의 전 임직원을 대상으로 교육을 하게 되었다. 곧 삼성 전 계열사로 확대 교육이 실시되었고, 해외 법인으로 그리고 정부 기관에서도 교육이 진행되었다. 이를 계기로 그는 '디지털 전도사'로, '혁신 전도사'라는 별명을 얻었으며 삼성기술인상을 받았다. 그리고 최연소 임원을 거쳐 사장의 자리까지 오른 입지전적인 인물이다.

그가 삼성SDS 대표이사로 있을 때 나는 그의 경영 현황 설명회 등 몇 차례 프레젠테이션을 직접 들을 기회가 있었다. 그는 프레젠테이션의 달인이었다. 콘셉트가 명확하고 풍부하며 논리가 명료했다. 그는 삼성전자의 디지털 혁신을 이끌어 온 인물이다. 혁신을 이루기 위해 주주, 고객, 임직원을 설득하는 능력을 가지고 있었고 그 도구가 프레젠테이션이었다. 이처럼 프레젠테이션이 한 사람을 최고경영자로 만들기도 한다.

사업가는 한 기업의 브랜드다. 그 브랜드가 매출로 이어져 기업을 성장시킨다. 기업이 지속적으로 영속할 수 있는 힘을 가져다준다. 이런 사업가의 브랜드 힘은 어디서 나오는가? 사업가의 프레젠테이션 역량에서 나온다.

요리 연구가이자 더본의 대표이사인 백종원 대표가 있다. 백종원은 현재 더본코리아, 더본차이나, 더본아메리카의 대표를 맡고 있으며 〈새마을 식당〉, 〈한신 포차〉, 〈본가〉, 〈홍콩반점〉 등 약 스무 개의 프랜차이즈를 운영하고 있다. 백종원 대표가 한 해 벌어들이는 매출은 700억 원에 달한다고 한다. 현재 그는「백종원의 골목식당」,「집밥 백선생」등 TV 요리 프로에 출연해 최고의 인기를 누리고 있다.

요리 연구가이기도 한 그가 이렇게 성공한 비결은 무엇인가? 역시나 그의 프레젠테이션 역량에 있다. 다시 말해, 요리에 대한 그의 입담과 표정이 곧 그의 프레젠테이션이다. TV를 통해 그의 고객인 시민들을 맛으로 울리고 웃기는 프레젠테이션의 달인이다. 백종원 〈원조 쌈밥〉, 〈백철판〉, 〈백다방〉, 〈백스 비어〉, 〈백스 비빔밥〉, 〈백스 성성 식당〉 등 백종원 자체가 브랜드가 되었고 이는 곧 매출로 이어져 화려한 성공 신화를 쓰고 있다.

프레젠테이션은 사업가의 성공을 결정한다. 매출을 결정한다. 현대의 사업가는 소통의 달인이어야 한다. 설득의 달인이어야 한다. 그리고 협상의 달인이어야 한다. 고객은 소통을 원한다. 기업에서 파는 상품을 사기 이전에 사업가와의 소통을 원한다. 소통은 말하는 것이 아니라 주고받는 대화다. 사업가는 소통을 통해 사업을 확장해 가야 한다. 고객의 말에, 직원들의 말에 귀 기울이면서 소통은 시작된다.

스티브 잡스는 프레젠테이션을 통해 고객과 직접 소통했고 지속적인 혁신을 통해 애플을 세계적인 기업으로 키웠다. 프레젠테이션은 한 사업가를 성공으로도 실패로도 이끌 수 있을 만큼 사업에 중요한 영향을 미친다. 그들의 프레젠테이션 한마디가 곧 브랜드이기 때문이다.

전문가, 프레젠테이션이 가치를 결정한다

네이버 사전에 의하면 전문가란 '어떤 분야를 연구하거나 그 일에 종사하여 그 분야에 상당한 지식과 경험을 가진 사람'이라고 정의되어 있다. 위키 백과사전은 '전문가는 기술·예술·기타 특정 지역에 정통한 전문적인 지식과 능력이 있는 사람을 의미한다'라고 정의하고 있다.

전문가는 자신의 일에 대해 놀라울 정도의 집중력을 보이는 사람들이다. 전문가가 자신의 역할을 다하기 위해서는 충분한 실력을 갖추어야 한다. 단순히 지식 보유 수준을 넘어서 자기 분야에 통찰력을 갖추어야 한다. 전문가는 다른 사람이 만족할 만한 수준으로 어떤 일을 해줄 수 있는 사람이고 자신의 분야에서 개인 브랜드 파워를 구축한 사람이다.

2009년 2월 「월간중앙」에 실린 이어령 교수의 '샐러리맨, 진화해야 살아남는다'라는 글에서 그는 샐러리맨을 위한 진화 방법을 세 가지로 제안하고 있다.

   1. 조직에서 The only One이 될 것

   2. 자신만의 브랜드를 쌓을 것

   3. 자기 특허 혹은 지적 재산권을 만들 것

여기서 진화란 샐러리맨들이 생존하기 위해서는 전문가의 길로 가라는 것이다. 우리 사회에는 부동산 전문가, 법률 전문가, 커피 전문가, 빅데이터 전문가, 미용 전문가 등 다양한 분야에서 수많은 전문가들이 활동하고 있다. 전문가 세계도 치열한 경쟁 탓에 먹고살기 힘든 시대다. 특히 샐러리맨들 중에도 자기 영역에서 전문가의 길을 가려 하는 사람들이 많다.

전문가의 가치는 어떻게 결정될까? 지금은 정치인이지만 의대 교수 시절의 안철수는 21세기형 전문가의 실력에 대해 다음 세 가지를 이야기했다.

   1. 한 분야에 대한 깊이 있는 지식

   2. 다른 분야에 대한 상식과 포용력

   3. 커뮤니케이션 능력

　그는 20세기의 전문가는 전문 지식만 있으면 되었지만 21세기는 세 가지를 모두 갖춘 전문가가 실력 있는 전문가라고 이야기했다. 특히 전문가는 커뮤니케이션 능력이 중요하다고 했다. 커뮤니케이션 능력이란 다른 전문가나 일반 대중에게 잘 이해할 수 있도록 설명하는 능력이다. 다른 전문가나 일반 대중에게 자기전문 지식을 잘 알리지 못한다면 실력이 없는 전문가라는 것이다. 다시 말해, 전문가는 프레젠테이션 능력이 뛰어나야 한다. 커뮤니케이션 능력이 전문가의 가치를 높인다.

　『나의 문화유산 답사기』의 저자인 유홍준은 미술사학자이자 영남대학교 조형대학 교수와 영남대학교 박물관 관장을 거쳐 2002년부터는 명지대학교 미술사학과 전임 교수로 일했다. 제3대 문화재청 청장을 역임하기도 했다. 그는 우리나라 문화유산 전문가로 활동하고 있다. 『나의 문화유산 답사기』를 출간해 300만 부가 넘게 팔리는 스테디셀러가 되었다. 대중에게 전통 문화유산의 가치를 재인식시키는 계기를 마련하여 유적답사의 대중화에 크게 기여하기도 했다.

　그가 전문가로서 자신의 가치를 더 높일 수 있었던 것은 어려운 문화유산을 해박한 지식으로 다른 전문가나 일반 대중이 잘 이해할 수 있도록 프레젠테이션하는 능력이 뛰어났기 때문이다. 그는 알기 쉽게 대중의 눈높이에 맞는 방식으로 소통하여 전문가로서의 가치를 올릴 수 있었다.

전문가는 글이나 말 등 다양한 방법으로 설명하고, 자료를 공유하며 깊이 있는 전문성을 전할 때 최고의 전문가로 인정을 받을 수 있다. 자신이 가진 전문 지식을 일반 대중과 공유할 수 없다면 진정한 전문가가 아니다. 핵심은 그 전문가의 프레젠테이션 역량이 가치를 결정한다는 것이다.

진정한 전문가는 프레젠테이션 능력이 뛰어난 사람이다

2016년 9월에 열린 경향포럼 '뉴노멀 시대-혁신과 통찰'에서 구글의 혁신 총괄 대표이자 혁신 전문가이며『행복을 위한 해법』의 저자이기도 한 모 가댓은 "성공하면 행복한 것이 아니라 행복해지면 성공이 온다"라는 명 프레젠테이션을 한다. 그는 토론에서 "제품 말고 문제에 집중하라", "기존의 자본주의에서는 제품 한 개당 2달러에 100만 개를 팔면 얼마나 벌 수 있는지를 생각하지만 구글은 제품을 만들어 100만 명이 사용하면 돈은 따라온다고 생각한다", "개발한 제품이 사람들의 문제를 해결하는 데 도움이 되는지 생각해야 한다", "주위를 둘러보고 사람들이 어떤 문제로 고통받고 있는지를 살펴보라"면서 "문제를 찾는다면 기회를 발견한 것이다"라는 이야기를 쏟아내며 전문가로서의 커뮤니케이션 능력을 보여 주었다.

프레젠테이션은 그 사람이 가지고 있는 깊은 전문 지식을 더 빛나게 한다. 전문가로서의 가치를 높여 주는 것이다. 전문가는 스스로 판단하며, 스스로 움직이고 발전시켜 나가야만 하는 능동적 주체다. 따라서 자신에게 동기부여하며 다른 이들까지도 따르게 할 수 있는 창의적인 기업가 정신이 필요한 것이다.

대부분의 사람들은 자신들이 가지고 있는 전문 지식을 머릿속에만 넣어놓고 다른 사람들과 소통하지 못하는 경우가 많다. 한편 자신의 머릿속에 있는 전문 지식을 다른 전문가나 사람들과 소통하는 데 능한 사람들이 있다. 후자의 사람이 전문가가 되는 것이다. 전문가로서 가치를 높이기 위해서는 다른 사람들과 커뮤니케이션 능력이 뛰어나야 한다. 자신이 가지고 있는 깊은 전문 지식을 밖으로 표출할 줄 알아야 진짜 전문가다. 밖으로 표출한다는 것은 글로 쓰거나 말로 하는 것이다.

이세돌과 바둑 대결로 유명해진 알파고 대표 데미스 허사비스는 인공 지능, 컴퓨터 게임 개발 전문가다. 그는 2011년 인공 지능 연구를 전문으로 하는 기업인 딥 마인드를 창업했다. 창업 3년 만에 딥 마인드는 구글에 4억 달러에 팔렸으나 그는 여전히 200명의 과학자들을 이끄는 딥 마인드의 최고경영자로 활약 중이다.

그는 2016년 3월 11일 대전 카이스트 정문술 빌딩의 드림홀에서 열린 '바이오 및 뇌공학과 특별 세미나'에 참석해 '인공 지능과 미래'라는 프레젠테이션을 했다. 그는 이 프레젠테이션에서 다음과 같은 이야기를 했다.

"딥 마인드의 목표는 두 가지다. 첫 번째는 기계에 지능을 만드는 것, 그 다음은 지능을 바탕으로 문제들을 해결하는 것이다. 대국에서 이기는 것보다 어떤 방법으로 이겼는지 아는 것이 더 중요하다. IBM의 딥 블루는 인간의 손을 거친 데이터만 활용하는 반면, 알파고는 원자료를 기반으로 스스로 학습한다. 과거 딥 블루의 체스 경기는 경우의 수를 모두 입력한 방대한 자료를 사용했지만 알파고는 신경망을 이용해 선택된 자료만 사용한다."

그는 딥 마인드가 개발하는 알고리즘이 스마트폰, 로봇, 의료를 비롯한 많은 분야에 그리고 앞으로 더 복잡해지는 문제들에 대한 '메타 솔루션'으로 쓰이길 원한다고 말했다. 프레젠테이션을 들은 학생들은 열광을 했다. 여기서 중요한 것은 프레젠테이션을 통해 자신이 가지고 있는 전문 지식을 다른 전문가나 일반 학생들과 공유할 수 있다는 것이다. 이렇게 대중과 커뮤니케이션을 할 때 그의 전문가 가치는 올라간다.

의사, 변호사, 작가, IT엔지니어, 금융 전문가, 셰프, 디자이너, 스포츠 해설가 등 우리 주변에는 수많은 분야의 전문가들이 활동하고 있다. 그중에는 인기를 얻으며 성공하는 사람들도 있고 그렇지 못한 사람들도 있다. 아니, 성공한 사람들의 수가 더 적다. 유명 인사가 되고 성공한 전문가들은 자신이 가진 전문 지식을 뛰어난 프레젠테이션 능력으로 나누는 사람들이다. 자신이 알고 있는 전문 지식을 일반 대중에게 쉽고 재미있게 전달할 수 있는 소통 능력이 뛰어난 사람이 유명해지고 자기 가치를 올린다.

미래의 전문가는 소통의 달인이어야 한다. 전문가이기 때문에 프레젠테이션을 잘하는 것이 아니라 프레젠테이션을 잘하기 때문에 전문가가 되는 것이다. 안철수 의원이 교수 시절 이야기했듯이 21세기 전문가의 실력은 A자형이다. A자형이란 '한 분야에 대한 깊이 있는 지식 + 다른 분야에 대한 상식과 포용력 + 커뮤니케이션 능력' 등 세 가지를 모두 가진 전문가를 말한다. 그중에서도 커뮤니케이션 능력이 중요하다. 한 분야에 대한 깊은 지식은 누구나 가질 수 있다. 그러나 그것을 밖으로 표출해 대중과 소통하는 일은 쉽지 않다.

진정한 전문가는 프레젠테이션 능력이 뛰어난 사람이다. 프레젠테이션 역량이 높은 사람은 전문가로서 자기 가치를 확고히 할 수 있다. 프레젠테이션 능력이 낮은 사람은 전문가로서의 역량을 발휘하는 데 한계가 있다. 전문가는 자신이 생각하고 있는 것을 사람들에게 잘 전달해야 한다. 전문가로서 가치를 올리고 싶다면 지금 당장 프레젠테이션에 투자하라!

프레젠테이션 하나로 인생이 바뀐다

지금은 설득의 시대다. 설득 역량이 곧 그 사람의 역량을 결정하기도 한다. 학식이 높거나 지식이 많거나 경험이 많다고 해서 반드시 역량이 있는 시대는 지났다. 상대방을 어떻게 잘 설득하느냐가 중요하다. 설득의 시대에 상대방의 마음을 여는 열쇠는 없을까?

우리 주위에는 가족에서부터 친구, 연인, 선생님, 교수, 직장 동료, 상사, 고객, 소비자, 기업체, 사회단체, 국가 기관 등 설득해야 할 대상들이 넘쳐나고 있다. 이들을 설득하지 못하면 자신이 원하는 목표를 달성할 수 없고 경쟁에서 이길 수도 없는 시대로 변화하고 있다. 설득이 모든 것이라 해도 무리는 아닐 것이다. 설득을 위한 도구들에는 여러 가지가 있다. 말, 글, 광고, PR, 선전, 프레젠테이션 등 다양하다.

우리는 가정에서든, 학교에서든, 직장에서든 아니면 사회에서든, 대부분의 생활을 사람들을 설득하기 위해 보내고 있다. 그만큼 우리 삶에서 중요한 것이고, 설득하는 능력이야말로 지식정보화사회에서 최고의 능력이 아닐까 한다. 설득의 도구는 주로 말이나 글이다. 최근에는 말과 글을 함께 이용하는 프레젠테이션 방법이 많이 이용되고 있다.

프레젠테이션이 오늘날과 같이 중요시되는 시대는 없었다. 10여 년 전만 해도 프레젠테이션은 잘하는 사람들이 따로 있었고 일부 잘하는 사람들의 전유물이었다. 지금은 각종 매체 및 파워포인트 등 툴들이 발전하면서 보편화되었다.

프레젠테이션을 통한 설득은 프레젠터가 다수 청중의 공감을 이끌어 내는 것으로부터 출발한다. 프레젠테이션 능력의 핵심은 프레젠터의 생각과 의도, 논리 등 말하고자 하는 바를 듣는 이가 공감하도록 하는 데 있다. 누구나 프레젠테이션을 할 수 있지만 누구나 좋은 프레젠테이션을 할 수는 없다. 대다수의 청중이 공감한다고 해서 무조건 좋은 프레젠테이션이라고 말하기 힘들다. 설득 측면에서 보면 누구든지 공감할 수 있는 프레젠테이션을 할 수 있는 능력은 아주 중요하다.

그렇다면 설득 프레젠테이션을 효과적으로 할 수 있는 방법은 무엇일까? 다른 사람을 설득한다는 것은 쉬운 일이 아니다. 나와 다른 생각을 하는 사람의 마음을 말과 글로써 얻으려 한다면 더욱 그렇다. 설득은 사실을 설명하여 상대방을 이해시키는 행위라고 할 수 있다. 설득의 근간은 설명에 있되, 프레젠테이션의 핵심인 '공감'을 이끌어 낼 수 있도록 해야 한다. '공감'을 얻지 못하는 프레젠테이션은 청중의 마음을 얻을 수 없다. 공감이라는 사실을 그렇다고 인지하는 것 이상의 힘이 있어야 가능하다.

설득의 시대가 도래함에 따라 프레젠테이션 능력이 필수 요소가 된 것은 사실이다. 프레젠테이션이 조직을 선도하고 사회를 이끌어 가는 지도적 능력의 핵심을 차지하게 된 것도 분명하다. 좋은 대학, 원하는 대학에 진학하기 위해서 프레젠테이션 능력이 필요하다. 대학생이 좋은 직장을 얻기 위해서도 프레젠테이션 역량은 필수다.

직장인들의 경우 연봉을 올리거나 승진하기 위해서도, 그리고 관리자로 성장하기 위해서도 프레젠테이션 역량은 필수다. 한 기업의 리더로서 경영자로서 나아가기 위해서도 필요하다. 한 개인으로서 갖추어야 할 프레젠테이션 능력은 단순히 말을 잘하고 커뮤니케이션을 한다는 것 이상이다. 설득 프레젠테이션 능력을 가져야 하는 이유도 바로 이때문이다.

오늘날 지식사회, 초연결사회에서는 차별화된 프레젠테이션 역량 함양이 자기 개발의 필수적인 요소가 되고 있다. 자신만의 영역을 개척하기 위해서 그리고 치열한 경쟁에서 살아남기 위해서 프레젠테이션 역량 개발에 투자를 해야 한다. 학생뿐만 아니라 직장인들이나 개인 사업자들은 자기 생각 또는 주장을 효과적으로 설명하고 다른 사람으로 하여금 감동하게 하여 설득할 수 있어야 한다. 그래야 대학을 들어갈 수 있고, 취업을 할 수 있고, 승진을 할 수 있고, 돈을 벌 수 있고 행복을 얻을 수 있다. 프레젠테이션을 잘한다는 것은 원하는 것을 얻을 수 있게 만들어 준다. 개인의 경쟁력을 강화시켜 준다. 프레젠테이션이 인생을 바꾸는 시대다.

인생을 바꾸고 싶으면 프레젠테이션하라

나는 대우정보시스템을 그만두고 삼성SDS로 자리를 옮겼다. IMF가 발생했을 무렵이었다. 벤처바람도 불어 벤처 회사를 만들어 나가는 동료들도 많았다. 대우정보에 있을 때는 엔지니어로서 시스템 개발 업무로 바쁘게 활동하던 시기였다. 자리를 옮겨서 한 일은 금융 기관이나 공공 기관에 제안을 해서 사업을 수주하는 일이었다. 표준 제안서 템플릿도 만들고 실제 제안 작업을 하는 업무였다. 나는 몇 차례 제안에서 실패를 거듭하며 수렁에 빠졌다.

다행히 법무부 업무 시스템 구축 제안 일을 맡아 수주에 성공했다. 그 당시 나는 절박한 심정으로 제안을 준비했고, 입찰 프레젠테이션에 참석했다. 과천에 있는 법무부 대회의실에서 프레젠테이션 평가가 이루어졌다. 발표는 당시 PM이 했고, 나는 엔지니어로서 질의응답을 담당하게 되었다. 프레젠테이션이 끝나자 질문 시간이 되었고 나는 질문에 대해 대부분 명쾌하게 답변했다.

질의응답도 프레젠테이션의 일부다. 특히 답변이 그렇다. 질문을 정확히 이해하고 그에 따른 답변을 순발력 있게 해야 한다. 제안 설명이 끝나고 노트북 등 장비를 정리하고 나오려는데, 이번 입찰의 실무자가 다가와서 이번 프로젝트에서의 나의 참여 여부를 물었다. 나는 그때 당시 사업 개발 업무를 담당하고 있어서 직접 프로젝트에 투입될 상황은 아니었다. 즉답을 하지 못하고 회사로 돌아왔다. 그 당시 부서장은 프로젝트 투입을 반대했으나 법무부의 요구로 나는 실제 프로젝트에 참여하게 되었다. 그 인연으로 10년이 넘는 세월을 공공 기관에서 컨설턴트로, PM으로 활동하게 되었다.

이를 계기로 나는 엔지니어의 길에서 매니저의 길로 들어서게 되었고, 그 뒤로 제안 입찰 등 수많은 프레젠테이션을 진행하며 프레젠터로서 새로운 삶을 살게 되었다. 이렇듯 프레젠테이션이 내 인생에 전환점이 된 것이다.

나는 '사이경영연구원'을 설립하여 연구에 몰두할 예정이다. '사이경영'은 내가 세계 최초로 만든 용어다. 사이란 인간과 인간, 인간과 사물, 사물과 사물에 존재하는 '사이' 또는 '틈'을 말한다. 미래에는 이 사이에서 많은 기술과 비즈니스가 창출될 것이다. 향후 비즈니스 세계에서는 이 틈새를 잡는 자가 글로벌 강자가 될 것이다. 틈새에서 새로운 것을 창출하는 자가 업계를 선도할 것이다. 사이경영이란 사이를 줄여 인간에게 편익을 제공하고, 시간이나 비용의 손실을 줄여 주는 경영이다.

사이경영에서는 두 가지 형태의 비즈니스가 창출된다. 하나는 사이를 없앰으로써 새로운 기술과 비즈니스가 창출되는 것이다. 또 하나는 사이에 무언가를 둠으로써 새로운 기술과 비즈니스가 창출되는 것이다. 사이경영의 결과로 우리 미래는 새로운 기술의 발전이 이루어지고, 그에 따른 새로운 형태의 비즈니스가 만들어지고, 새로운 형태의 기업이 출현하고, 새로운 직업이 만들어질 것이다.

사이경영의 시대에서는 사람과 사람 간, 사람과 사물 간, 사물과 사물 간 사이뿐만 아니라 조직과 조직 간, 기업과 기업 간, 국가와 국가 간 사이도 무너질 것이다. 사이에 소통하는 도구가 중요하게 대두되게 될 것이다. 사람과 사람 간은 언어라는 도구가, 사람과 사물 간에는 인터페이스라는 도구가, 사물과 사물 간은 시그널이라는 도구가 자리 잡게 될 것이다. 다시 말해, 사람과 사람을 이어 주는 언어, 즉 프레젠테이션이 중요하게 대두된다.

이에 대해서는 프레젠테이션 역량이 뛰어난 사람이 주도권을 잡게 될 것이다. 프레젠테이션 역량이 뛰어난 집단이 주도를 하게 될 것이다. 나는 이런 틈을 이어 주는 도구를 만들고 연마하는 데 전력을 다할 것이다. 사이경영의 창시자이자 전도자가 될 것이다. 이런 힘은 나의 프레젠테이션 역량에서 나온다.

특별히 훌륭한 프레젠테이션 역량을 타고나는 사람은 없다. 다만 누가 베스트 프레젠테이션 역량을 연마하느냐 그렇지 않느냐의 차이만 있을 뿐이다. 미래로 갈수록 프레젠테이션 하나로 인생을 바꿀 수 있는 일들이 많아질 것이다. 프레젠테이션 역량이 곧 한 사람의 성공의 크기를 말해 준다.

프레젠테이션 역량을 키우기 위해서는 평소 자신이 꿈꾸는 성공이 무엇인지 생각해 보는 것이 필요하다. 그리고 내가 바라는 성공이 나에게 반드시 찾아온다는 것을 믿는 것이 중요하다. 성공의 길로 가고 싶다면 프레젠테이션을 하라. 인생을 바꾸고 싶으면 프레젠테이션을 하라. 많은 직업인들, 성공한 사람들은 프레젠테이션의 달인들이다. 그들은 프레젠테이션을 잘했기 때문에 성공할 수 있었다.

프레젠테이션이
성공의 크기를 결정한다

우리 주위에는 '열심히 스펙을 쌓는데 왜 좋은 직장에 들어가지 못할까?', '열심히 일하는데 왜 성공하지 못할까?' 하는 사람들이 많다. 이것은 프레젠테이션 역량의 차이이다. 100의 일을 하고도 20만 표현하는 사람이 있는가 하면 20을 하고도 100을 표현하는 사람들이 있다. 이제는 프레젠테이션 역량이 한 사람의 성공의 크기를 결정하는 시대가 되었다.

프레젠테이션은 전문가의 가치를 높여준다. 좋은 직장을 결정해주며 승진과 연봉을 결정한다. 프레젠테이션이 그 사람의 성공의 크기를 결정해주는 것을 많이 봐왔다.

지금은 자기가 가지고 있는 지식과 경험을 다른 사람들과 어떻게 잘 소통해서 설득하느냐에 따라 성공 여부가 결정된다. 프레젠테이션은 소통기반의 설득력을 향상시키는 도구다. 필자는 직장 생활 전반부 10년을 IT 서비스 엔지니어로서 시스템 분석 및 개발업무를 했다. 중반부 15년은 컨설턴트와 PM으로 IT서비스 산업을 리드해 왔다. 현재는 국내에서 쌓은 기술력을 바탕으로 글로벌 시장에 진출하여 중국, 중동 지역 등에서 해외사업개발 업무를 수행하고 있다.

PM을 하면서 본격적으로 프레젠테이션에 입문하게 되었다. 국내기업, 해외기업, 공공기관, 금융기관 등에서 PM으로 활동하였다. 이 일을 하면서 수많은 고객들, 경쟁자들을 만났다. 그리고 그들을 이기고 설득하기 위해 프레젠테이션 속에서 살았다. 성공한 프레젠테이션도 있었고 실패한 프레젠테이션도 있었다. 피를 말리는 긴장도 있었고 환희에 찬 적도 있었고 심한 좌절에 빠진 적도 있었다. 프레젠테이션이 나를 지금까지 지탱하게 해준 도구였다.

《삼성 은부장의 프레젠테이션》은 단순히 프레젠테이션 테크닉만을 기술한 책이 아니다. 프레젠테이션이 가지고 있는 '의미'와 '가치' 등 본질적인 문제를 다루는데 집중을 했다. 어떻게 하면 경쟁자와 차별화된 프레젠테이션을 할 수 있는지 해법을 써나갔다. 그리고 필자의 경험을 담아, 프레젠테이션이 성공을 꿈꾸는 사람들에게 가장 중요한 커뮤니케이션 도구임을 강조했다.

그런 의미에서 이 책은 프레젠테이션을 통해 성공으로 가는 길을 제시하는 본질적인 가이드북이다. 국내외 프레젠테이션의 대가들의 사례와 필자가 현장에서 생생하게 경험한 사례를 기반으로 쓰였다. 우리 주변에서 성공한 사람들은 프레젠테이션의 달인들이었다는 사실을 알게 해준다. 대학생이 좋은 직장을 얻거나 직장인이 자기 분야에서 리더가 되거나 전문가가 되고 싶은 사람이라면 꼭 읽어야 할 책이다. 베스트 프레젠테이션의 본질을 이해함으로써 성공으로 가는 등대가 되었으면 하는 바람이다.

특히 자기 분야에서 열심히 일하고 있는 사람들이 '베스트 프레젠테이션 기술'을 배워서 성공하는 사람이 되길 바란다. 자기가 가진 지식을 제대로 말할 수 있어야 진짜 지식이다. 자기가 가진 경험을 제대로 어필할 수 있어야 진짜 경험이다. 27년간 직장 생활을 하면서 경험했던 수많은 프레젠테이션 노하우를 원고로 정리해서 세상에 내놓게 됐다.

부족한 부분에 대해서는 독자 여러분들의 넓은 양해를 바라며 이 책을 읽는 모든 분들이 원하는 것을 성취할 수 있기를 소망한다. 무언가 얻기 위해 학교에서 공부하는 고등학생, 대학생, 직업현장에서 고군분투하는 직장인들에게 이 책을 바친다.

초판 1쇄 발행 2018년 05월 10일

지은이 은서기

펴낸이 김왕기
주간간 맹한승
편집부 원선화, 이민형, 조민수, 김한솔
디자인 푸른영토 디자인실

펴낸곳 (주)푸른영토
　　　　　주소　　경기도 고양시 일산동구 장항동 865 코오롱레이크폴리스1차 A동 908호
　　　　　전화　　(대표)031-925-2327, 070-7477-0386~9　　　팩스 | 031-925-2328
　　　　　등록번호　제2005-24호(2005년 4월 15일)
　　　　　홈페이지　www.blueterritory.com
　　　　　전자우편　designkwk@me.com

ISBN 979-11-88292-50-9　13320